交錯する多文化社会

異文化コミュニケーションを捉え直す

河合優子 編 Yuko Kawai

工藤正子・川端浩平・渡会 環・田中東子・高 美哿 著

ナカニシヤ出版

目次

序章　多文化社会と異文化コミュニケーションを捉える視点としての「交錯」（河合優子）……1

一　はじめに　1
二　英語圏における交差の概念化　4
三　日本における議論　9
四　交差の関連概念　14
五　多文化社会および異文化コミュニケーションを捉える視点としての交錯　18

第一部　越境と混淆

第一章　トランスナショナルな家族形成における差異の交錯（工藤正子）……28
――夫の国パキスタンに子と移住した日本人女性の事例から
一　はじめに　28
二　パキスタン人男性と結婚した日本人女性たち――結婚初期の生活形態と夫婦の力関係　32
三　トランスナショナルな家族の形成――妻子の海外移住とその背景要因　34
四　合同家族で暮らす日本人女性たち　42
五　まとめにかえて――交錯する差異――ジェンダー、エスニシティ、階層　49

第二章　〈共に生きる領域〉における多文化的実践（川端浩平）……54
――在日コリアンの「若者」の追跡調査から
一　はじめに――不可視化される在日コリアンとは誰か？　54
二　韓流、北朝鮮バッシング、在特会　57

目　次

三　「自己責任論」と不可視化　59
四　在日コリアンの「若者」たちの現在　62
五　まとめ——共に生きる領域における多文化的実践の展開　78

第二部　言説と実践

第三章　メイクアップされるブラジル人女性の生活世界（渡会　環）……84
一　はじめに——ブラジル人コミュニティと「メイクアップ・アーティスト」　84
二　到達目標としての「中間層」——ブラジルの階層構造における「中間層」と「新中間層」　88
三　コミュニティにおける美容関連ビジネスの展開　93
四　ブラジル人コミュニティのメイクアップ講座の実際　98
五　メイクアップ・アーティストとしての活動の場の模索　110
六　おわりに　112

第四章　日常的実践としてのナショナリズムと人種主義の交錯（河合優子）……119
――東アジア系市民の経験から
一　はじめに　119
二　ナショナリズムと人種主義の理論　122
三　日常的実践としてのナショナリズムと人種主義の交錯　132
四　日本における多文化社会の構築に向けて　143

第三部　表　象

第五章　大久保の表象に見る文化の交錯／非交錯（田中東子）……150
一　「大久保」はどのような街なのか　150
二　「大久保」はどのように表象されてきたのか　157
三　「大久保」の表象からみえてくるものとみえてこないもの　183

第六章　「風景論」再考（高 美哿）……188
——交錯する風景『サウダーヂ』
一　はじめに　188
二　一九七〇年代の「風景論」　191
三　『サウダーヂ』の風景　194
四　交錯するサウンドスケープ　201
五　不況とマスキュリニティ（男性性）の危機　206
六　「均質化された風景」と「路地」　210
七　「風景論」を超えるもの　214
八　おわりに　217

序章　多文化社会と異文化コミュニケーションを捉える視点としての「交錯」

河合優子

一　はじめに

二〇〇八年のリーマンショック以降、これまでほぼ一貫して増加し続けてきた外国籍市民人口が減少に転じた。そして二〇一一年の東日本大震災および福島原発事故の影響でさらに減少した後、特に東南アジア諸国からの留学生や研修生などの増加で、二〇一五年には二二三万人となり過去最高となった[1]。しかし、このような統計の変動には表れないアイヌや沖縄の人びと、日本国籍を取得したオールドカマーやニューカマーの人びとやその子どもたち、「ハーフ」「ダブル」「ミックス」など多様な形で呼ばれる両親の一方が外国籍や外国につながりをもつ人びとなど、さまざまな文化背景の人びとが日本社会で共に生きてきた。

[1]　ただし、二〇一二年の外国人登録法の廃止にともない、法務省の外国籍市民に対する新しい管理制度が導入されたことで、統計に含まれる対象が二〇一二年以前とそれ以後の統計では異なるため、それらの単純な比較は難しいとされている（法務省 二〇一六）。

多文化共生に対してはマジョリティとマイノリティの間の構造的差別や不平等の変革ではなく、逆に「調和」を強調することでそれを覆い隠してきたという批判がある（植田・山下 二〇〇六）。しかし、特に朝鮮半島や中国につながる人びとに対するヘイトスピーチなどの人種主義的行為が前景化するなかで、このような側面を是正し、3F（ファッション、フェスティバル、フード）といった狭い意味での文化や、既存の日本社会のあり方を揺さぶらない限りにおいて差異や権利を認めるといった「うわべの多文化主義」（モーリス=スズキ 二〇〇二：一五四）とは一線を画す多文化共生の必要性は高まるばかりである。

多文化共生関連の言説、政策においては、「日本人と外国人」の二項対立の図式やその境界の自明性が前提とされがちである。[2] 多文化共生に関しては、一九九〇年代以降、学術分野を横断した形でかなりの研究蓄積がなされ、近年ではこのような二項対立・境界の自明性を乗り越えようとする研究も出始めている（例えば、岩渕 二〇一〇、渡戸・井沢 二〇一〇）。しかし、エスニック・マイノリティに焦点があてられる一方で、マイノリティ集団内部の多様性や「日本人」という日本社会のマジョリティ集団との構造的力関係、そして集団アイデンティティや集団間の関係構築と密接に結びつくメディア表象を含めた議論が十分になされてきたとはいいがたい。

加えて、隣接分野である異文化コミュニケーション論においても、「日本人」と「〇〇人」、「日本文化」と「〇〇文化」といった境界を自明視するとともに、境界内部と外部の差異を過度に強調し、境界内の多様性や構造的力関係に対する視点が弱く、日本の文化ナショナリズムの再生産につながってきたという負の部分が従来から指摘されてきた（丸山 二〇〇二、吉野 一九九七：一五三-六）。国際理解・異文化間教育においても同様の指摘が行われている（佐藤 二〇〇一：三〇-三、佐藤 二〇一〇：二四-五、五八-六一）。

多文化社会の構築およびそのための異文化コミュニケーション実践においては、「日本人と外国人」という二項対立を乗り越え、「日本人」や「外国人」内部の多様性に目を向けることが重要である。しかし、このような二項対立を越えることが、「日本人も外国人も同じように多様な存在」だとして多様性のみを取り上げ、現在の日本社会における構造的な不平等を覆い隠してしまっては多文化社会の構築にはつながらない。必要なのは、その二項対立を乗り越えるとともに、そこに作用する構造的力関係や不平等を注視し、それを変容させる道筋を探っていくことである。

本書では、「在日コリアン」、「ブラジル人」、「日本人」といった「〇〇人」の境界を揺さぶると同時に、そのような境界の存在を可能にする構造的力関係を批判的に捉える視点として「交錯」を軸に据え、インタビュー調査やフィールドワークそしてメディア分析を通して多様なコンテクストを多角的に考察する。

「交錯」という視点は、英語圏において「交差 intersectionality」として蓄積されてきた議論に主に基づくものである。交差とは、人種、エスニシティ、ネイション、ジェンダー、階級もしくは階層、宗教などが関わる構造的力関係、そしてそのようなカテゴリーに依拠するアイデンティティが、単独ではな

---

［2］　主に英語圏で議論されてきた多文化主義（multiculturalism）についても、マイノリティのアイデンティティや文化の尊重を目指すがゆえに、集団および文化の内部を均質化し、その境界を固定化することに加担してしまっているという自己批判が多文化主義の支持者からもなされている（例えば、Rattansi（2011））。多文化共生は英語圏における多文化主義に相当するが、日本社会の文脈で構築され議論されてきた固有の概念である。多文化共生という語は、まず在日コリアンが多く暮らしてきた神奈川県川崎市が一九九三年にまちづくりの理念として掲げ（加藤二〇〇八）、さらに一九九五年の阪神・淡路大震災をきっかけに一般化したといわれる（戴二〇〇三）。

く複数が絡まり合って作用していることをさす（Anthias 2012: 4, Phoenix & Pattynama 2006: 187）。

しかし、本書では交差とともに、学術的には別々の概念として議論されているトランスナショナル性、ハイブリッド性、節合という関連概念を含めて「交錯」と捉える。そして、集団内の多様性だけでなく、別々の集団に属しているとみなされる人びとの間の負の関係性を含めたさまざまな「つながり」を浮かび上がらせる「交錯」を、学術的な概念としてではなく、日本社会で生きる一人ひとりが日常生活において多文化社会のあり方を考え、異文化コミュニケーションを実践する際の視点として提案したい。もちろん、これは個別の概念の学術的議論の必要性を否定するものではなく、学術上の成果を日常生活レベルでいかに活用していくかという問題意識に基づくものである。以下、本章では、まず交差の英語圏での議論および日本における関連研究について整理する。次に、交差の関連概念について論じ、それらを踏まえて「交錯」という視点の意義とその可能性について論じる。

二　英語圏における「交差」の概念化

交差の概念化は一九九〇年代に米国の批判的人種理論の議論のなかで本格化し、主にジェンダー研究において研究の蓄積がなされ、一九九〇年代半ばに英国、そしてそれ以降、移民の増加にともないヨーロッパの他の地域にも広がっていった（Lutz et al. 2011）。交差という語が使われなくても、カテゴリーが複数絡む問題は以前から議論されてきた（Anthias 2012: 4–5）。

交差概念の出発点とされるのが、一九世紀前半の米国で奴隷として生まれたが逃亡に成功し、のちに反奴隷制運動、女性参政権運動に身を投じたS・トゥルースの、一八五一年にオハイオ州で開催された女性会議における演説である（Brah & Phonenix 2004, Yuval-Davis 2011: 4）。演説のなかで、トゥルースは自らの奴隷としての経験に言及し、土を耕したり作物を植えたりといった労働や鞭で打たれる際にも、男性と同じような扱いを受けてきたと主張した。そして、「私は女ではないのか」と訴え、女性に対する平等な権利の保障を求めた。ここでは、「人種」（黒人）「階級」（奴隷）「ジェンダー」（女性）が交差することで、「女性」が一枚岩ではなく、そのカテゴリー内が多様であることが浮き彫りにされている。

これに加え、一九九〇年代の本格的な概念化に先立つ貢献として言及されるのが、一九七七年の米国黒人女性レズビアンフェミニストグループによる声明である。彼女らは、白人中産階級を中心とする女性観や女性運動、男性を中心とする黒人たちの反人種主義運動に異議を唱えた。そして、「人種」「階級」「ジェンダー」の交差をより直接的に表現し、「人種的抑圧から階級的、性的抑圧を分けることは不可能である。なぜなら日常生活において、それらは同時に経験されるものであるからだ」（Combahee River Collective 1997: 65）と述べた。さらに、一九八一年には、交差研究で取り扱われる社会的カテゴリーの「ビック3」（Anthias 2012: 4, Hearn 2011: 89）と呼ばれる「人種」「ジェンダー」「階級」をタイトルにした、米国黒人活動家・研究者のA・デイヴィスの著作『女性、人種、階級』（Davis 1981）が出版された。この著作では、一九世紀の反奴隷制運動、女性参政権運動、そして現代の性犯罪、家事労働など多様な文脈における、米国黒人女性にとっての家父長制、人種主義、資本主義の交差が論じられている。

交差の概念化は、米国において、人種的マイノリティの視点から法制度を捉え直す批判的人種理論に関わる議論のなかで本格化した。最初に交差を概念として使用したとされるK・クレンショーは、黒人女性の直面する法的・社会的課題を議論するなかで、「黒人女性は時としてフェミニスト理論そして反人種主義政策言説から排除される。なぜなら両方とも人種とジェンダーの交差を的確に反映していない経験に基づいて語られているからだ」(Crenshaw 2011: 26) と主張した。

クレンショーは、構造的交差と政治的交差の二つの交差を論じている (Crenshaw 1995)。構造的交差は、「人種」と「ジェンダー」など複数の構造的カテゴリーが交差することで生じる構造的不平等、政治的交差はそのような不平等を解決するための政治的課題や運動の交差における周縁化をさす。加えて、マイノリティのアイデンティティやマイノリティ内部の多様性の承認と、マイノリティであることで被る構造的不平等の両方を適切に理解するための視点として、交差が有意義であるとも主張している (Crenshaw 1995: 375, 377)。

概念化における主要な課題の一つが、「女性」「在日コリアン」といった社会的カテゴリーの捉え方である。構造的不平等を語るにはこれらのカテゴリーを「実在」するものとして扱う必要があるが、同時にその集団内の人びとを一枚岩のように捉えるのではなく、その多様性や複雑性を捉えることなしに交差を考えることは不可能である。

社会的カテゴリーの捉え方に関して、マッコールは三つのアプローチがあると主張している (McCall 2005: 1779-80)。一つめは反カテゴリー (anticategorical) アプローチである。これはカテゴリーの本質化を徹底的に排除する。たとえば「女性」というカテゴリーの内部は、教育程度、経済水準、年齢、国籍、居住地域、セクシュアリティ、配偶者の有無などを考えると非常に複雑であるため、これらをひとまとまりの集団として捉えること自体が不可能ということになる。しかし、このアプローチでは、個人のアイデンティティの複雑性や混淆性に焦点を当て、カテゴリー化の不可能性を強調するあまりに、構造的不平等への視点が弱くなってしまう。マッコールは、黒人女性などマイノリティのフェミニストたちにとっての問題は、カテゴリーそのものではなく集団内部の多様性を考慮せずに一般化するカテゴリー化であり、このアプローチをとる研究は少ないとしている。

二つめはカテゴリー内（intracategorical）アプローチである。一つめの反カテゴリーアプローチのようにカテゴリーそのものを否定するのではなく、暫定的にカテゴリーの実在を認め、一つのカテゴリー内の個々の人びとの多様性に注目する（McCall 2005: 1780-4）。たとえば、「在日コリアン」であっても女性なのか男性なのか、二〇歳代なのか四〇歳代なのか、非正規雇用なのか正規雇用なのか、韓国籍もしくは朝鮮籍なのか日本国籍なのか、配偶者や子どもの有無などによって、個々の人びととの経験やアイデンティティは非常に多様である。しかし、「在日コリアン」というカテゴリーがその内部の人びととの経験やアイデンティティを方向づけることも確かであり、このアプローチではカテゴリーの影響力とその内部の多様性を同時に捉えようとする。

三つめのカテゴリー間（intercategorical）アプローチは、複数の社会的カテゴリーが交差することによって生じる多様な不平等関係を追求するものである（McCall 2005: 1784-7）。たとえば、「ジェンダー」というカテゴリーで、「男性」と「女性」の経済格差について考えるとき、そこに「階級」（たとえば、「富裕層」「中間層」「貧困層」）を交差させると単純計算で六つのカテゴリーができる。前者の「ジェンダー」だけでは「男性」「女性」の二つしかないため、「階級」が加わった後者のほうがより精緻な分析が可能になる（McCall 2005: 1786）。ユバル=デービスは、カテゴリー内とカテゴリー間の二つのアプローチは、アイデンティティなど人びとの日常実践（ミクロ）中心か（＝カテゴリー内）、構造（マクロ）中心か（＝カテゴリー間）の違いであり、二つを分けるのではなく交差研究はこの両方に目を向けるべきだと主張している（Yuval-Davis 2011: 6）。

これまでの交差研究の課題として挙げられるのは、第一に、マイノリティ／被差別集団の有徴化とマジョリティ／差別集団の無徴化である。交差の概念化の出発点が米国黒人女性からの異議申し立てであったこととも関係するが、交差研究では特に黒人女性をはじめとするいわゆる「マイノリティのマイノリティ」に対する複合的な差別を対象とするものが多かった（Walby et al. 2012: 230）。しかし、マジョリティ（たとえば、中産階級の白人男性など）の交差した権力関係を分析することなくしては、構造的不平等に対する十分な理解がなされないだけでなく、逆にそのような権力関係の再生産につながってしまう（Levine-Rasky 2011）。よって、交差概念は、「マイノリティのマイノリティ」のように複合的に周縁化されている人びとだけでなく、マジョリティを含めた社会のあらゆる構成メンバーに適用されるべきである（Yuval-Davis 2011: 8）。

第二に、社会的カテゴリーの範囲とその重要度である。交差を考えるとき、どこまでのカテゴリーを対象にするのかが問題となる。英語圏での議論では、社会的カテゴリーの「ビッグ3」とよばれる「人種」「ジェンダー」「階級」が重視されてきた。構造的不平等に関するカテゴリーはこの三つだけでなく、「セクシュアリティ」「国籍」「年代」「地域」「しょうがい」など、対象にすべきものはいくつも存在する。しかし、対象とするカテゴリー数を問題にするのではなく、特定のコンテクストにおいて、どのカテゴリーがある特定の人びとにとってより強力な影響を及ぼしているのかを見極めることがより重要である

（Yuval-Davis 2006: 202-3）。

第三に、特にアイデンティティに関する実証研究において、「当事者」から交差したアイデンティティが直接的に語られないことが多いことである（Winker & Degele 2011: 57）。たとえば、日本に移住してきた中国籍の女性のアイデンティティは、マイノリティとして日本社会で生きるなかで、「中国人」という部分が強調され、「ジェンダー」「年代」「階級」などとの交差が、本人のことばで表現されることは少ないかもしれない。よって、交差研究においては、「語られないことにどのような意味があるのか」（Winker & Degele 2011: 57）についても考えていく必要がある。

三　日本における議論

●三・一　複合差別論

日本では、上野千鶴子によって「複合差別」として一九九〇年代後半に、やはりジェンダー研究の分野で議論が開始され（上野 二〇〇二）、複合差別とともに交差やインターセクショナリティという語も使用されてきた。しかし、一九二〇年代にはすでに被差別部落出身、女性、無産階級であることの交差について議論がなされていた。たとえば、福岡県婦人水平社の機関紙『水平月報』一一号（一九二五年七月一日）に「エタ（原文ママ）としての迫害は男子ばかりがうけて来たのではない。私達部落婦人は男子以上に二重・三重の迫害をうけて来た」（鈴木 二〇〇二：八〇）とあり、同紙一三号（一九二五年九月一日）では、「女工として女事務員として血と汗と膏を搾取されつつある同じ無産階級の女からさえ衆人の中で辱められ苦しめられている部落婦人はここに三重の圧迫をうけているのである」（鈴木 二〇〇二：八四）という記述がある。ここでは被差別部落出身者であっても女性か男性か、そして女性であり労働者であっても被差別部落出身者かそうでないかで差異があることが明確に主張されている。

交差概念に重なる概念的議論が本格的になされたのは、上野（二〇〇二）の複合差別論であるといってよいだろう。上野は、差別の様態は一様ではないとして、三つの種類を挙げている。まず、差別の次元が単一であるという「単相差別」、次に、複数の差別が重層化している「重層差別」、そして「複合差別」である。上野は「「複合差別」は〔…〕たんに複数の差別が蓄積に重なった状態をさすのではない。複数の差別が、それを成り立たせる複数の文脈のなかでねじれたり、葛藤したり、ひとつの差別が他の差別を強化したり、補償したり、という複雑な関係にある」（上野 二〇〇二：二四九）と主張し、複合差別は、「さまざまな差別」どうしのからみあいをときほぐし、そのあいだの不幸な関係を解消するための概念装置」（上野 二〇〇二：二四四）と述べている。

上野の複合差別論も、英語圏での交差研究と同じく、その論の中心は被差別集団に置かれている。複合差別が関わる集団関係の類型として、（一）優位集団と社会的弱者集団の関係、（二）社会的弱者集団間の関係、（三）社会的弱者集団内の関係、（四）社会的弱者集団に属する個人のアイデンティティ複合内部の関係、の四つを挙げている（上野 二〇〇二：二五五）。そして、（一）に「いわゆる差別」、（二）に「相互差別」、（三）に「重層差別・複合差別」、（四）に「葛藤」という説明をそれぞれ加えていることから、（三）の弱者集団内の関係における差別を「複合差別」の中心に捉えているのではないかと思われる。

上野は、「階級」「性別」「民族」「しょうがい」の四つのカテゴリーから二つのカテゴリーが関わる例を挙げて複合差別の説明を試みている。たとえば、「階級」に「性別」がかかわる差別では、同じ貧困層であったとしても、男性か女性かによって、就職機会、賃金、家庭生活において女性であることを理由として差別をうけることがある。階級的差別に性差別が加わることで貧困層の女性に対する差別が強化され、貧困層の男性は貧困層として被差別側にいながらも、同じカテゴリー内の女性を抑圧する側になるという「ねじれた関係」が生じる。さらに「この四つの変数のなかから三つ以上を取り出す組み合わせを考えるとなると、問題はもっと複雑になる」（上野 二〇〇二：二六一）と上野自身が述べているように、二つのカテゴリーが交差点で交わるような交差以外の事例の説明はこの論文では行われていない。

複合差別論は差別を中心とする議論であるため、そこで連帯の可能性を論じるのは難しい。たとえば、上野は、「階級」と「民族」が関わる複合差別として、被差別部落の人びとによる朝鮮半島出身の人びとへの差別を取り上げ、『水平運動史研究―民族差別批判』（金 一九九四）で論じられた、戦時下で水平社の指導者が日本の植民地主義的な政策を積極的に支持した事例を挙げている（上野 二〇〇二：二五九）。この事例に関して、山本は、金静美が加害や差別の告発のみにとどまらず、地域社会において両者が共同して労働し、差別に抗してきた関係性も掘り起こしていく必要性を提起していることに言及し、以下のように述べる。

このような問題提起は金静美が差別／被差別、加害という具体的な歴史的関係性を固定的に捉えるのではなく、それを適切に踏まえそこから出発しながらもそれを乗り越えていくような民衆側の歴史経験に光を当て新たな「共同性」を切り開いていく必要性を提起していることを示してはいないだろうか。しかし、実際にはそのような作業がなされるというかたちで金静美の議論が受け止められるということはなされていない。（山本 二〇〇七：三六七）

この事例を複合差別という概念で分析することの意義はもちろん存在する。しかし、山本が述べているような共同性にもつげていくためには、複合差別を踏まえつつもそれにとどまらない視点が必要になるのではないだろうか。

●三・二　その他の関連先行研究

一九九〇年代以降、ジェンダー、セクシュアリティ、植民地主義もしくはポスト植民地主義（つまり「民族」「階級」）の交差を扱った論考が発表されてきたが、歴史的研究、支配的な言説に焦点をあてた研究が多く、聞き取り調査やフィールドワークに基づいた現代的論考はまだ多くはない（金 二〇〇五、二〇一一、菊地 二〇一〇、ゴウ・鄭 一九九九、鈴木 一九九四、鄭 二〇〇三、元 二〇一〇）。

初期の現代的研究の一例が、玉井（一九九七）の部落差別と女性差別に関する研究である。複合差別や交差という概念は用いていないが、前述したS・トゥルースの「私は女ではないのか」ということばをタイトルにした本の著者であり、黒人女性の経験における「人種」「ジェンダー」「階級」などの交差を一九八〇年代から論じてきたB・フックス（一九九七、二〇一〇）に依拠し、「部落差別、女性差別の単独の枠組みとらえるのではない、新たな視点が必要」（玉井 一九九七：五五）と主張していることから、交差の視点を踏まえて論じられているものだといえる。この研究で取り扱われているのは「ジェンダー」「階級」（貧困）、そして「エスニシティ」（部落出身）の交差である。

玉井は、二人の「部落出身女性」のライフヒストリーの聞き取り調査から、四つの例を明らかにしている。まず、「「部落出身」であることによる女性差別の不可視化」である（玉井 一九九七：五〇－二）。貧困のため「部落女性」は働かざるを得ず、さらに「部落出身」であるために低賃金労働に従事させられてきた。部落差別が生み出してきたこのような状況のため、専業主婦として夫の世話をするという性役割分業（女性差別）に「喜んで」従事してしまう。

二つめは、「「女性」であることによる部落差別の隠蔽」である（玉井 一九九七：五〇－二）。調査参加者の女性の一人は、「部落出身」ではない夫との結婚を反対され、夫の母親の実家の養女となった後に結婚し、夫の戸籍に移籍することで「部落出身」であることやそれに基づく差別も覆い隠される形となる。女性であるがために、「夫の家に入る」という家父長的な考え（女性差別）によって、戸籍の移籍を通して部落差別が「隠蔽」されるというケースである。

三つめは、「「女性」であることによる「部落出身」の無徴化」である（玉井 一九九七：五三－五）。もう一人の調査参加者は、女性であるために、「女は家のことをしているべきだ」という考えの「部落出身」の夫から部落解放運動参加を妨害され、部落出身仲間との連帯を築く機会を奪われる。

四つめは、「「部落出身」であることによる女性差別の深刻化」である（玉井 一九九七：五三－五）。「部落出身」であるために、経済的自立が可能な賃金を得られる仕事の機会も少なく、封建的な「部落出身」

の夫に依存せざるを得ない。

交差概念を明確に含めている最近の研究の一つとして、徐阿貴の『在日朝鮮人女性による「下位の対抗的な公共圏」の形成』が挙げられる（徐 二〇一二：二四-五）。一九九〇年代に大阪の公立夜間中学で学ぶ権利の保障を求めた運動に参加した在日コリアン一世の女性たちに対する聞き取り調査、参与観察、一次資料などの豊富な質的データの分析を通して、「集合的な政治社会プロセスと日常生活における主観的な個人経験の相関に焦点をあて、あたらしい在日朝鮮人女性の主体が形成されるダイナミズムの解明」（徐 二〇一二：四六）を目指した研究である。運動に参加した人びとは、女性であり、在日朝鮮人であり、貧困層であることで識字教育を受ける機会を奪われ、夜間中学入学も夫から反対されるなどの複合差別状況にあった。しかし、それに抗い、「識字」を共通項に、関西の部落解放運動やその他の市民運動、労働運動、韓国の市民運動、従来の民族運動や若い世代の民族運動ともつながりつつ、主体を再編成していく。大阪の猪飼野、関西、韓国、日本というエスニック、ローカル、ナショナルな空間とエスニシティ、ジェンダー、階級、世代の交差が抑圧的な状況を作り出すだけでなく、そのような状況を変革させる力にもなることが示唆されている。

四　交差の関連概念

交差の関連概念として、トランスナショナル性、ハイブリッド（異種混淆）性、節合の三つを取り上げたい。これらの概念と交差は、いずれも複数の社会的カテゴリーや要素の関係性を問うという共通点がある。トランスナショナル性は、一九九〇年代以降、社会科学分野全般においてグローバル化とともに頻繁に議論され使用されるようになった概念である。国境を越える個人や組織のネットワーク、それが形成され維持されるプロセス、その特性や影響などがトランスナショナル性という概念で捉えられてきた（バートベック二〇一四：四）。この概念を使用した研究は、ネットワークの形態、人びとの意識、文化実践、企業の経済活動、非政府組織の社会運動、ローカルな場や空間の意味の変容に関するものという六つに大別される（バートベック二〇一四：五）。特に意識や文化実践を扱った研究においては、ハイブリッド性、ディアスポラ、クレオール、ブリコラージュという諸概念と関連づけられてきた（バートベック二〇一四：七―一〇）。

交差が別の種類のカテゴリー（例：人種とジェンダー）の関係性に着目する概念であるとすると、トランスナショナル性は、主にネイションという一つのカテゴリー内のサブカテゴリー間（例：ブラジルと日本）の関係性に着目している。さらに、トランスナショナル性は、越境性つまり移動性（トランス）が絡む動的な概念であるため、交差を変容させ複雑にすると同時に、交差によってより多様化する。日系ブラジル人で大卒かつ中産階級出身の男性が来日して工場労働に従事するようなケースでは、トランスナショナルな移動によって、ブラジルでは「日系」、日本では「ブラジル人」に強調点がシフトする集団的アイデンティティ（Tsuda 2003）、それと交差する両国での異なる階級意識やジェンダー規範およびそれに関わる制度や構造などが、もともとのブラジル社会での交差を変容させ複雑にする。そして日系ブラジル人のトランスナショナルな移動は、ジェンダー、学歴、階級などの交差によって一枚岩ではなく多様なものとなる。

ハイブリッド性はもともと一九世紀に「白人」と「黒人」といった異なる人種間の「混血」に関する議論のなかから出てきた人種的概念である（Young 1995）。しかし、トランスナショナル性と同様、主に一九九〇年代以降、ポストコロニアル研究やグローバル化研究において文化的概念として議論がなされてきた。ポストコロニアル研究では支配文化と被支配文化の関係性、一方、グローバル化研究ではグローバルとローカル、近代性（西洋）と伝統（非西洋）の関係性を考察する概念として使用されてきた（Kraidy 2002: 319–20）。コロニアルな文脈において、たとえば、バーバは支配文化への同化を強いられる被支配者の文化実践やアイデンティティのハイブリッド性、つまり「これでもなくあれでもない、何かしら別の、中間にあるもの」（バーバ 二〇〇五：三六五）は、支配文化と被支配文化の境界をあいまいにするとともに支配文化そのものを脅かすものに転化すると主張した（バーバ 二〇〇五：一九一–二〇〇）。グローバル化の文脈では、資本主義経済の新自由主義化とともに、人やモノ、アイディアなどの国境を越える移動が激化するなかで、移民やマイノリティのアイデンティティ、言語や音楽などの混成的な文化実践、一国家内における第一世界と第三世界の混在など、さまざまな境界を揺るがすものとして捉えられた（Pieterse 1995, 2001）。

ハイブリッド性もトランスナショナル性と同様、一つのカテゴリー内の複数のサブカテゴリーが関わる概念である。トランスナショナル性という概念の重心が移動性（トランス）にあるとすれば、ハイブリッド性のそれは移動の効果を含む混成性にある。そして、ハイブリッド性という概念の核は、「〇〇人」や「〇〇文化」などの境界を問題化することにある（Pieterse 2001: 220）。しかし、あるハイブリッド性がつくり出された歴史的文脈や不平等な力関係に留意することなく、混成的な文化実践の表層のみに注目しそれを賞賛することは、この概念の政治性を奪ってしまう（Kraidy 2002: 317–8）。ハイブリッド性は、あるカテゴリーの他のカテゴリーとのつながりとともに、そのカテゴリー内部の多様性が不可視化された同化のプロセスを浮き彫りにすることができる。ハイブリッド性という概念が交差をより可視化するとともに、構造的力関係と密接に議論されてきた交差という概念がハイブリッド性の政治的可能性を担保する。

たとえば、そもそも「日本人」や「日本文化」というカテゴリーそのものが、日本国外の多様なネイション、日本社会のエスニック・マイノリティおよび地方文化、そしてジェンダー、階級などとの交差およびハイブリッド性を後景化し、その純粋性と均質性を強調することで成立している。「日本人」や「日本文化」をハイブリッド性という概念で捉え直すことで、日本列島の各地方、中国や朝鮮半島をはじめとするアジア諸国、アイヌの人びとや沖縄、南北アメリカ、欧州、アフリカとの混淆性をより可視化することができる。日本列島に住む人びとを「日本人」、そこで実践されてきた文化を「日本文化」とするならば、「日本人」「日本文化」は上記のような多様な地方や地域の人びとや文化との混淆の効果であるといえる。そしてその混淆のプロセスは、ナショナリズム、植民地主義、資本主義、西洋中心主義、人種・民族差別、ジェンダー不平等、南北問題などの構造的力関係が関わる交差と切り離すことができない。

文化研究分野で主に議論されてきた節合（articulation）という概念は、言説や表象において異なる社会的カテゴリー間の結びつきは固定されておらず、分節されて別のカテゴリーとつながる可能性を常に有しているとする（Hall 1996）。英語の動詞 articulate には、ことばを発する、考えを明確に主張するという意味と車両を連結するという意味があり、この両方を踏まえた概念である（Hall 1996: 141）。この概念によってみえてくるのは、支配的なメディア言説やアイデンティティの語りにおいて、ネイションは人種／民族（例：単一民族国家）、階級（例：一億総中流意識）、ジェンダー（例：大和撫子）などと一定の形で結びつけられるが、それは決定されたものではなく、常に別の可能性が存在するということである。たとえば、「日本は単一民族国家」という言説における日本人（ネイション）と大和民族（人種／民族）の節合は不変的なものではなく、「日本は多文化社会」というように日本人に多様な文化集団を含める形に変容させることが可能であることを示唆する。

節合は言説や表象、交差は抑圧や差別を中心に概念化されてきたため、前者のほうがより流動的である。節合が行為や実践を、交差はそのような行為や実践が反復されることで構造化された制度や社会的慣習に基づく不平等を問題化しているといえる。たとえば、「日本は単一民族国家」という言説上のネイションと人種／民族の節合は、暫定的なものだと捉えられても、この節合が政治、経済、社会、学校教育、家庭、メディアなどあらゆる領域で何度も実践されることでつくられた制度、慣習などが引き起こす抑圧や差別はより固定的である。

五　多文化社会および異文化コミュニケーションを捉える視点としての交錯

本書においては、交錯を交差およびその関連概念を含めたもの、つまり一つのカテゴリー（およびサブカテゴリー）は常に他のカテゴリーと絡み合い、混じり合い、つながっており、そこには構造的力関係が関わることとして捉えたい。その理由として、まず、交錯と表記することで、構造的力関係は単独もしくは複数の関係が単に交差しているのではなく、複雑に絡み合って作用することをことば上でも表現できることが挙げられる。次に、トランスナショナル性およびハイブリッド性を取り入れることで、サブカテゴリー間の交差も視野に入れることができるとともに、抑圧や差別にとどまらず、それに対する抵抗や変容にもつながる可能性も視野に入れることができる。加えて、交錯に節合を含めて捉えることで、構造的力関係の構築と切り離せないメディア表象を捉える視点として使用することも可能になる。

交錯は多様な人びとが日本社会に共に生きる市民として、その差異と権利が正当に尊重される多文化社会の構築およびそのための異文化コミュニケーション実践にとって必要な視点である。交錯は不可視化されがちな人種、エスニシティ、ネイション、ジェンダー、階級もしくは階層、宗教などのカテゴリーが複雑に絡み合う集団の構築性・多様性・混淆性・相互関係性だけでなく、個々の人びとが日常において経験する複雑な構造的力関係をも浮き彫りにする。多文化社会における差異や多様性は、ローカルおよびグローバルな構造的力関係と密接に結びついていると同時に、個々の人びとの日常的な経験や生きざまは多様であり、そのような構造的力関係だけに決定づけられるものでもない。

本章の冒頭でも述べたように、学術的にはこれらの関連概念をまとめる必要性はない。しかし、日本社会の各地域、学校、職場、家庭などで日々の生活を営む一人ひとりが、これらの学術的概念を個別に理解して使うことは容易ではないことも確かである。交錯としてまとめることで、日常生活において多様な「他者」と出会い、メディアで「他者」表象に触れるときに不可欠な視点として提示することも可能になる。交錯という視点から日本社会を捉えることで、マジョリティとマイノリティ、「日本人」と

「外国人」、「自」集団と「他」集団という固定化された視点を構造的力関係を踏まえつつ乗り越え、多様なつながりや連帯の可能性もみえてくる。そして、それが「うわべではない多文化共生」につながっていく。

本書では、多様なコンテクストにおける交錯を解きほぐす作業を通して、日本における多文化社会のあり方を探っていく。本書は三部構成で、第一部と第二部はフィールドワークや聞き取り調査に基づいた論考、第三部はメディア表象に関する論考が収められている。第一部のテーマは越境と混淆である。第一章では、パキスタン人ムスリム男性と結婚し、夫を日本に残してパキスタンに移住して子育てをする日本人ムスリム女性を取り上げる。一九九〇年代末からの継続的なフィールドワークによる豊富なデータをもとに、トランスナショナルな移動でより複雑化した国籍、エスニシティ、ジェンダー、宗教、階層などの交錯について考察する。

第二章は、二〇〇〇年代初頭の調査時に在日本大韓民国民団の青年会で活動しており、現在、日本人配偶者をもつ在日コリアンの追跡調査である。何気ない日常生活の営みに注目し、調査対象者が年齢を重ね、日本人との結婚、子育て、転職、引っ越しなどを経験していくなかで、より複雑化するエスニシティ、ジェンダー、階層、地域性などの交錯、それが関わる彼／彼女らのハイブリッド化する帰属意識をあぶりだす。

第二部のテーマは言説と実践である。第三章は、平日は工場労働に従事し、週末にはメークアップ・アーティスト講座を受講するブラジル人女性に関する論考である。日本の階層構造では「非熟練労働者」として下方に組み入れられる彼女らが、消費の面ではブラジルの中間層と同等の生活が可能になることから、ブラジルの中間層帰属意識を日本で形成しようとする。トランスナショナルな移動で交錯するブラジルと日本の階層構造および意識を中心に、メークアップ講座という「場」において、ネイション、階層、人種、ジェンダーがどのように交錯しているのかについても論じる。

第四章では、マジョリティに焦点を移し、ありふれた日常におけるナショナリズムと人種主義の結びつきに注目する。まず、戦前および戦後のナショナリズムにおいて、「日本人」の意味に影響を与えてきた日本の「人種」・「民族」概念を踏まえ、ナショナリズムと人種主義の関係を理論的に整理する。そして、朝鮮半島、中国、台湾につながる東アジア系市民に対する聞き取り調査から具体例を提示し、「日本人」の日常実践におけるナショナリズムと人種主義の交錯について考察する。

第三部のテーマは表象である。第五章は外国籍市民の割合の高さから多文化共生言説と密接につながってきた新宿区大久保についての新聞報道分析である。主流メディアにおいては多様な交錯が表象されることは少ない。大久保は、二〇〇〇年代には韓流と結びつくことで、韓国、資本・商業主義、ジェンダーなどと節合され、コリアンタウンとして主に表象された。しかし、二〇一〇年代には韓国系住民や在日コリアンに対する人種主義およびナショナリズムと節合し、ヘイトスピーチデモの現場として主に表象されていく過程を明らかにする。

第六章で扱うのは、山梨の甲府を舞台に、土木現場で働く「日本人」労働者とその家族、日系ブラジル人やタイ人などの移民労働者らを描いたインディペンデント系映画『サウダーヂ』（二〇一一年公開：富田克也監督）である。高予算で製作される娯楽商業映画とは異なり、この映画では多様な交錯が表象される。一九六〇年代に注目を浴びた風景論を軸に、団地、さびれた商店街、飲屋街などの地方都市の多様なランドスケープ、風景としての「日本人」労働者、日系ブラジル人、タイ人などのエスノスケープ、そして映画内で飛び交う多様な言語、ヒップ・ホップや昭和の流行歌などのサウンドスケープを考察するなかで、エスニシティ、ジェンダー、階級、グローバルとローカルな経済構造などの多様な交錯について論じる。

交錯は多文化社会および異文化コミュニケーションを捉える方法であり、実際はそのような見方がまだ一般的だといえないいため、そのように捉えるべきだとする規範的な面を有する。研究において交差を問うことは自らの「コンフォート・ゾーンから出ること」(Shields 2014: 98) であるのと同様、交錯を日常的に意識していくことは簡単なことではないのかもしれない。しかし、多文化社会を単に「日本人」と「外国人」の共生の問題としてではなく、ジェンダー、ネイション、エスニシティ、人種、階層または階級、世代、宗教、それらに関わるイデオロギーや帰属意識などが複雑に絡む問題として捉えることで、「日本人」と「外国人」という二項対立に陥ることなく、日本における多文化社会構築、そしてそのための異文化コミュニケーション実践の課題をより適切な形で捉えることができるのではないだろうか。

【引用・参考文献】

岩渕功一［編著］（二〇一〇）『多文化社会の「文化」を問う―共生／コミュニティ／メディア』青弓社
植田晃次・山下　仁［編著］（二〇〇六）『「共生」の内実―批判的社会言語学からの問いかけ』三元社

上野千鶴子（二〇〇二）「複合差別論」上野千鶴子『差異の政治学』岩波書店
加藤千香子（二〇〇八）「「多文化共生」への道程と新自由主義の時代」崔　勝久・加藤千香子編『日本における多文化共生とは何か―在日の経験から』新曜社、一一-三一
菊地夏野（二〇一〇）『ポストコロニアリズムとジェンダー』青弓社
金　静美（一九九四）『水平運動史研究―民族差別批判』現代企画室
金　富子（二〇〇五）『植民地期朝鮮の教育とジェンダー―就学・不就学をめぐる権力関係』世織書房
金　富子（二〇一一）『継続する植民地主義とジェンダー―「国民」概念・女性の身体・記憶と責任』世織書房
ゴウ・L、鄭　暎惠（一九九九）『私という旅―ジェンダーとレイシズムを越えて』青土社
佐藤郡衛（二〇〇一）『国際理解教育― 多文化共生社会の学校づくり』明石書店
佐藤郡衛（二〇一〇）『異文化間教育―文化間移動と子どもの教育』明石書店
鈴木裕子（一九九四）『フェミニズムと朝鮮』明石書店
鈴木裕子（二〇〇二）『水平線をめざす女性たち（増補新版）』ドメス出版
徐　阿貴（二〇一二）『在日朝鮮人女性による「下位の対抗的な公共圏」の形成―大阪の夜間中学を核とした運動』御茶ノ水書房
戴エイカ（二〇〇三）「多文化共生とその可能性」『人権問題研究』三、四一-五二
玉井眞理子（一九九七）「「部落出身」であると同時に「女性」であること―二人の被差別部落女性の口述生活史より」『国立婦人教育会館研究紀要』一、四九-五七
鄭　暎惠（二〇〇三）『〈民が代〉斉唱―アイデンティティ・国民国家・ジェンダー』岩波書店
バートベック・S／水上徹男・細萱伸子・本田量久［訳］（二〇一四）『トランスナショナリズム』日本評論社
バーバ・H・K／本橋哲也・正木恒夫・外岡尚美・阪元留美［訳］（二〇〇五）『文化の場所―ポストコロニアリズムの位相』法政大学出版会
フックス・B／柳沢圭子［訳］（二〇一〇）『アメリカ黒人女性とフェミニズム―ベル・フックスの「私は女ではないの？」』明石書店

フックス・B／清水久美［訳］（一九九七）『ブラックフェミニストの主張―周縁から中心へ』勁草書房
丸山真純（二〇〇二）「『異文化コミュニケーション論』を再考する―『文化ナショナリズム』を越えて」『ヒューマン・コミュニケーション研究』三〇、六九-九〇
元 百合子（二〇一〇）「日本軍性奴隷制と複合差別」『女性・戦争・人権』一〇、七-二〇
モーリス＝スズキ・T（二〇〇二）『批判的想像力のために―グローバル化時代の日本』平凡社
山本崇記（二〇〇七）「差別／被差別関係の論争史―現代（反）差別論を切り開く地点」『Core ethics：コア・エシックス―立命館大学大学院先端総合学術研究科紀要』三、三六三-七四
吉野耕作（二〇〇七）『文化ナショナリズムの社会学―現代日本のアイデンティティの行方』名古屋大学出版
渡戸一郎・井沢泰樹［編著］（二〇一〇）『多民族化社会・日本―「多文化共生」の社会的リアリティを問い直す』明石書店
Anthias, F. (2012). Intersectional what?: Social divisions, intersectionality and levels of analysis. *Ethnicities*, *13*(1), 3–19.
Brah, A., & Phoenix, A. (2013). Ain't I a Woman?: Revisiting intersectionality. *Journal of International Women's Studies*, *5*(3), 75–86.
Combahee River Collective (1997). A black feminist statement. In L. Nicholson (Ed.), *The second wave: A reader in feminist theory* (pp.63–70). New York: Routledge.
Crenshaw, K. W. (1995). Mapping the margins: Intersectionality, identity politics, and violence against women of color. In K. W. Crenshaw, N. Gotanda, G. Peller, & K. Thomas (Eds.), *Critical race theory: The key writings that formed the movement* (pp.57–83). New York: The New Press.
Crenshaw, K. W. (2011). Demarginalising the intersection of race and sex: A black feminist critique of anti-discrimination doctrine, feminist theory, and anti-racist politics. In H. Lutz, M. T. H. Vivar, & L. Supik (Eds.), *Framing intersectionality* (pp.25–42). Surray, UK: Ashgate.
Davis, A. (1981). *Women, race and class*. New York: Vintage.

Hall, S. (1996). On postmodernism and articulation: An interview with Stuart Hall. In D. Morley, & K-H Chen (Eds.), *Stuart Hall: Critical dialogues in cultural studies* (pp.131–50). London and New York: Routledge.

Hearn, J. (2011). Neglected intersectionalities in studying men: Age (ing), virtuality, transnationality. In H. Lutz, M. T. H. Vivar, & L. Supik (Eds.), *Framing intersectionality* (pp.89–104). Surray, UK: Ashgate.

Kraidy, M. M. (2002). Hybridity in cultural globalization. *Communication Theory, 12*(3), 316–39.

Levine-Rasky, C. (2011). Intersectionality theory applied to whiteness and middle classness. *Social identities, 17*(2), 239–53.

Lutz, H, Vivar, M. T. H., & Supik, L. (2011). Framing intersectionality: An introduction. In H. Lutz, M. T. H. Vivar, & L. Supik (Eds.), *Framing intersectionality* (pp.1–22). Surray, UK: Ashgate.

McCall, L. (2005). The complexity of intersectionality. *Signs, 30*(3), 1771–800.

Phoenix, A., & Pattynama, P. (2006). Intersectionality. *European Journal of Women's Studies, 13*(3), 187–92.

Pieterse, J. N. (1995). Globalization as hybridization.' In M. Featherstone, S. Lash, & R. Robertson (Eds.), *Global modernities* (pp.45-68). London: Sage.

Pieterse, J. N. (2001). Hybridity, so what?: The Anti-hybridity backlash and the riddles of recognition. *Theory, Culture & Society, 18*(2–3), 219–45.

Rattansi, A. (2011). *Multiculturalism: A very short introduction.* Oxford: Oxford University Press.

Shields, S. (2014). "It's not psychology": Gender, intersectionality, and activist science. In P. R. Grzanka (Ed.), *Intersectionality: A foundations and frontiers reader* (pp.92–8). Boulder, CO: Westview.

Tsuda, T. (2003). *Strangers in the ethnic homeland: Japanese Brazilian return migration in transnational perspective.* New York: Columbia University Press.

Young, R. C. (1995). *Colonial desire.* London and New York: Routledge.

Yuval-Davis, N. (2006). Intersectionality and feminist politics. *European Journal of Women's Studies, 13*(3), 193–209.

Yuval-Davis, N. (2011). *The politics of belonging: Intersectional contestations.* Los Angeles: Sage.

Walby, S., Armstrong, J., & Strid, S.（2012）. Intersectionality: Multiple inequalities in social theory. *Sociology*, *46*(2), 224–40.
Winker, G., & Degele, N.（2011）. Intersectionality as multi-level analysis: Dealing with social inequality. *European Journal of Women's Studies*, *18*(1), 51–66.

【引用・参考ウェブサイト】

法務省（二〇一六）「平成二七年末現在における在留外国人数について（確定値）」〈http://www.moj.go.jp/nyuukokukanri/kouhou/nyuukokukanri04_00057.html.〉

第一部　越境と混淆

第一章　トランスナショナルな家族形成における差異の交錯
——夫の国パキスタンに子と移住した日本人女性の事例から

工藤正子

一　はじめに

●一・一　国際結婚夫婦のトランスナショナルな生活圏と差異の交錯

一九八〇年代以降のニューカマー外国人の増加と定着は、さまざまなかたちで日本社会に変容をもたらしてきた。その一つが、国際結婚をとおした社会の多文化化である。日本の結婚において国際結婚が占める割合は一九八〇年代以降、二〇〇六年にピークの六・一パーセントを迎えるまで概ね上昇を続けた。その多くを日本人男性と外国人女性との結婚が占めたが[1]、こうした国際結婚については、外国人配偶者が日本社会に適応することが前提とされ、その現状や課題に関心が集まりがちであった。しかし、近年の研究が明らかにしているように、ライフサイクルが進行するなかで外国人配偶者たちは、日本国内で生活基盤を確立するだけでなく、トランスナショナルな生活世界をも形成している（小ヶ谷二〇〇六など）。また、国際結婚の子どもたちも、個別の状況の違いはあれ、日本国外に広がる親族ネットワークのなかで成長しているケースは少なくない。こうしたトランスナショナルな関係性を視野におさめたうえで、国際結婚による多文化化が日本社会にどのようなインパクトをもたらしているのかを理解することが求められている。

以上のような視点から、本章では、パキスタン人男性と結婚した日本人女性が形成するトランスナショナルな生活圏に焦点をあてる。一九八〇年代以降の日本の国際結婚で日本人男性と外国人女性との結婚が多数派を占めるなかで、その逆の、外国人男性と日本人女性が形成する家族については、日本国民の再生産の外側にある問題として看過される傾向が強かった[2]。しかし、外国人男性と日本人女性の夫婦もまた、日本を主な生活の拠点とし、同時にトランスナショナルな生活圏を築きつつある。パキスタン人男性と日本人女性が形成する家族についていえば、子が就学期を迎える段階で、妻子が夫の国パキスタン、または第三国に移住するという現象が一部でみられるようになった。海外移住した日本人女性たちの多くは、一年の大部分は海外で暮らしているが、インターネットなどを通して、日常的に日本の夫や親族とつながっている。また、日本を拠点にビジネスを続ける夫たちは、妻子や他の家族に送金を続け、さまざまなおりに相互に訪問し合っている。こうしてパキスタン人男性と日本人女性たちが、日本とつながりつつ、国境を越えて形成する家族とは、どのような社会経済的諸条件に規定され、そこで日

［1］たとえば、国際結婚が日本の結婚数に占める割合がピークを迎えた二〇〇六年では国際結婚全体の八割が、日本人男性と外国人女性の結婚であった（厚生労働省 二〇一五）。

［2］国民国家の再生産において女性と外国人男性との結婚が周縁化され、国家や社会から疎外されてきたことについては、韓国の国際結婚を議論する申琪榮（二〇一二：五）にも指摘されている。

本人女性はいかなる役割を担い、次世代に何を継承しようとしているのだろうか。

これら夫婦のトランスナショナルな家族形成を明らかにするうえで、本章がとくに着目するのが、そのプロセスに交錯する複合的な差異や力関係である。一九八〇年代以降の日本に急増した国際結婚が生みだす私的領域には、ジェンダーのみならず、国籍や階層などの差異が交錯し、夫婦の力関係を複雑に規定してきた。パキスタン人男性と日本人女性の場合、結婚初期において、夫は、ジェンダー関係では妻に優位にたつ一方で、日本国籍をもつ妻は、日本における法的位置のみならず、言語や社会関係資本という点でも、外国人である夫に優位な立場にある。このことから、パキスタン人の夫と日本人の妻では、ジェンダーと国籍でみると、夫婦の優劣関係が反転した状況にあることが特徴的といえる。[3]その後、ライフサイクルが進み、とりわけ女性たちが海外に移住するケースにおいて、こうした差異や力関係の交錯の様態はいかに変容し、女性たちの生活や子の養育の仕方をどのように規定してきたのだろうか。

●一・二　調査の概要と本章の構成

本章の議論は、これらの日本人女性たちや家族を対象に、一九九〇年代末期より関東圏および海外でおこなってきた長期的な聞き取りの結果に基づいている。二〇〇〇年代初頭までに四〇名の女性を対象に調査を行い、その後もできる限り同じ女性たちに継続調査を行うとともに、新たな女性たちからも話を聞いてきた。海外では、パキスタンのほか、第三国に移住した女性たちにも現地で聞き取り調査をおこなった。以下の議論では、匿名性を確保するため、女性たちの生活状況についての理解を妨げないと考える範囲においてデータは一部改変されている。

調査の開始時点ではモスクでの女性の集いを主な拠点として雪だるま式で調査対象者を募ったこともあり、本章の議論はパキスタン人男性と日本人女性の国際結婚夫婦全体の生活状況を代表するものではない。また、第三節以降で焦点を当てるパキスタンに移動した日本人女性たちは、同節の最初に述べるように、調査対象者四〇名のなかで多数派ではない。本章の目的は、限られた数の夫婦を対象とした長期的な聞き取り調査の結果をもとに、トランスナショナルな親密圏にみられるジェンダー、エスニシティ、国籍、階層などの交錯と、その複雑な動態を明らかにすることにある。

本章は以下のように構成されている。第二節でこれらの夫婦の日本における社会経済的地位やその変化を概観したうえで、第三節で日本とパキスタンのあいだでトランスナショナルな家族が形成される背景要因を考察する。第四節では、パキスタンの夫方親族のもとで子どもと暮らす日本人女性の生活状況、とくに母親役割について、現地における聞き取り調査の結果から明らかにする。第五節では、こうした日本人女性の越境にみられる複数の差異の交錯について議論したうえで、トランスナショナルな家族の形成が日本社会の多文化化に示唆するところを考察したい。

［3］これに対して、日本人男性と結婚したアジア圏出身の外国人女性の場合には、私的領域において女性としてだけでなく、外国人として二重に周縁化される。とくに結婚初期には滞在資格の不安定性ゆえに弱い立場にあることが少なくない。しかし、フィリピン人女性を対象とする高畑・原（二〇一二：一八五）の論考が示唆するように、これら女性の地位もまた、その後の夫婦の就労形態の変化などによって変容する可能性がある。

二　パキスタン人男性と結婚した日本人女性たち――結婚初期の生活形態と夫婦の力関係

一九九〇年代に日本人女性とパキスタン人男性の国際結婚が増加した主な背景要因の一つとして、一九八〇年代後期のパキスタンから日本への男性たちの移動がある。パキスタンは海外からの送金が国家経済に重要な位置を占めてきた国であり、一九八〇年代後期には好況期にあった日本に向かう二〇代-三〇代の男性の数が急増した。調査対象者の夫の多くは、カラーチーやラーホールといった都市部で一定の教育を受けた、社会の中間層の出身者である。調査対象者の夫婦は、職場のほか、電車の中などの公共空間やスポーツ・ジムで出会ったり、友人を通して知り合っている。四〇名の女性たちの社会経済的地位については、最終学歴に関するデータが得られた三六名中、高校を卒業していない者が二名、高校卒業が一〇名、専門学校と短期大学に進学した女性が一四名、大学以上の高等教育に進んだ女性が一〇名であった。結婚前の職業については、データが得られた三八名中、会社員（おもに事務職）が一八名とほぼ半数であり、残りは、看護師、栄養士など医療分野（五名）、航空会社（二名）のほか、教員など多様な職業に就いていた（工藤 二〇〇八：二六四）。これら女性たちの結婚の動機は多様かつ複合的なものであるが、パキスタン人男性との出会いが、女性たちが知る既存のジェンダー関係や男性像に新たな選択肢を与えるものであったケースが少なくない（工藤 二〇〇八：六七-七〇）。

二〇一五年版の法務省統計によれば、前年末の在留外国人数においてパキスタン国籍者の数は一万一八〇二人であった。在留資格別にみると、「日本人の配偶者等」の資格保有者は、一九九〇年代を通じて上昇したが、[4] その後減少し、かわって「永住者」の資格保有者が増加した。前掲の統計では「日本人の配偶者等」の資格保有者は六四二人で、「永住者」の資格保有者が四二四四人となっている。こうした統計上の推移は、主に、日本人女性と結婚したパキスタン人男性が「日本人の配偶者等」の資格を得たあとに、「永住者」への資格に移行したことを反映するものといってよいだろう。調査対象者の夫には、永住者資格を得たあとに日本国籍を取得した者も少なくない。

調査対象者の夫の職業については、結婚時点では工場などでの単純労働に従事していたが、結婚後、起業した者が多い。二〇〇七年の時点では、四〇名の聞き取り対象者の夫のうち、筆者が把握した範囲において二八名が起業しており、うち二一名が専業で中古車輸出関連の仕事に関わっていた（工藤 二〇〇八：二六五）。中古車輸出業は在日パキスタン人男性の多くが従事する職業的ニッチといえる。妻の多くは、結婚や出産を経て専業主婦となっているが、夫の自営業にさまざまなかたちで関わっているケースは少なくない。また、ライフサイクルがさらに進み、子育てが一段落した段階で妻自身が起業したり、パートタイムなどで再就労したケースもみられる（Kudo 2014、工藤 二〇一六）。

では、これら夫婦の力関係はどのように変化しているのだろうか。冒頭で述べたように、結婚初期の段階では、ジェンダー関係では夫が優位にたっても、生活上で日本国籍をもつ妻に依存せざるをえない状況がある。たとえば、夫たちは、結婚の時点では超過滞在者が多く[5]、日本人女性たちは、夫の在留許

［4］パキスタン国籍者の場合、「日本人の配偶者等」の資格保有者のほとんどは日本人女性と結婚した男性であると考えられる（工藤 二〇〇八：五一-二）。一九九五年と二〇〇〇年の国勢調査の結果を分析した Kojima（2006）は、外国人ムスリム男性のなかでもパキスタン人とイラン人は日本人女性との通婚率が高いことを指摘している。バングラデシュ人と日本人女性の通婚割合が相対的に低いことの背景については、Mahmud（2014）に議論されている。

可取得のための煩雑な手続きを行い、結婚後は、夫方親族を呼び寄せるための入管手続きでも中心的な役割を担っている。また、起業の初期において、妻たちは車の搬送などで無償の労働を提供するだけでなく、日本語の書類を処理したり、妻の親に車のオークション加入の保証人になってもらうなど、妻がもつ言語資源や社会関係資本が夫のビジネスの基盤を固めるうえで不可欠であるケースが多かった。

その後、経営がある程度軌道にのるなかで、税理士を雇うなどして妻への依存度は低くなる傾向がみられた。また、夫の滞在資格も結婚後に徐々に安定する。くわえて、妻は結婚や出産を機に仕事を辞めることが多いため、その場合には夫の収入に頼らざるをえない。こうした生活の諸側面での夫の妻への依存度の低下は、夫婦の力関係にも作用してきたと考えられる。しかし、一九九〇年代以降日本国内およびグローバルな不況が長引くなかで、夫のビジネスが難局を迎えたケースは少なくない。そうした場合には、妻が日本人としてもつ資源がビジネスに不可欠である状態は変わらず、また、妻がパートなどで再就労し、妻の収入がパキスタンへの送金にも貢献する場合には、そのことが妻の地位を有利なものにしているケースもある（Kudo 2014、工藤 二〇一六）。

三　トランスナショナルな家族の形成——妻子の海外移住とその背景要因

これら夫婦に子が誕生し、就学期を迎える段階でみられるようになったのが、冒頭で述べた、パキスタン人の夫が日本を拠点にビジネスを続け、日本人の妻が子を伴って、パキスタンまたは第三国に移住するという、トランスナショナルな家族の分散である[6]（Kudo 2012a）。現在までの調査で把握している範囲において、調査対象者四〇名の女性のうち、一三名がパキスタンに、四名がニュージーランドやアラブ首長国連邦[7]などの第三国に子を連れて移住目的で渡航した経験がある。

こうしたトランスナショナルな家族形成の理由は複合的であるが、海外に移動した妻たちへの聞き取りでは、子の教育、とくに宗教と英語教育の二つが挙げられることが多かった。夫の国パキスタンはイスラーム教徒が人口の約九割を占める国であり（山根 二〇〇三）、聞き取り対象の夫は全員がムスリムであった。日本人の妻たちは圧倒的多数が結婚を機にイスラームに入信しているが[8]、入信後の日本人女性たちの宗教意識は多様であるとともに、次項で述べるように、ライフサイクルが進むなかで変化している。二〇〇〇年代に入り、多くの子どもたちが就学期を迎えたが、女性たちの子の宗教教育についての考えは一様ではなく、モスクに集う女性たちのあいだでも、子どもを非イスラーム圏である日本で育てるか否かをめぐって競合する言説が生まれてきた。本節では、主に一九九九年および二〇一三年にパキスタンでおこなった聞き取り調査の結果から、同国への妻子の移住を動機づけた主な理由をみていきたい。

[5] この背景として、一九八九年に日本とパキスタンの査証相互免除協定が一時停止とされ、在日パキスタン人のなかで超過滞在するケースが増えたことがある。日本社会における夫の多重の周縁性は、結婚後の住居探しや求職を含む夫婦の生活にも困難をもたらした（Kudo 2012b: 79）。

[6] 夫婦と子が分散せず、ともに日本で生活を続ける場合も、パキスタンへの訪問や送金、親族（とくに労働年齢の男性）の呼び寄せなどを通じてパキスタンの夫方親族との関係を維持するケースが多く、家族の関係性はトランスナショナルに展開している。

[7] アラブ首長国連邦での養育については、Takeshita（2008, 2010）に詳しい。なお、第三国に移住した四名のうち三名はパキスタンに移住した後に再移住したケースである。このため前述のパキスタンに移住した一三名とこの三名は重複している。

[8] 日本人の妻たちは、パキスタン側の結婚手続きで求められる宗教婚（ニカー）に先立ち、イスラームに入信している。詳しくは工藤（二〇〇八：一二一–一二三）を参照されたい。

●三・一　「ムスリムとしての基本」を身につける

もっとも多く挙げられた理由は、「宗教のための移住」または、子に「ムスリムとしての基本」を身につけさせるため、というものである。こうした願いは、まずは夫のものとして女性たちに語られる場合が多かった。ただし、夫たちの宗教意識は多様で、また変化もしており（工藤 二〇〇九）、単にパキスタンのイスラームが再領域化されたものとして捉えることはできない[9]。結婚を機に改宗した妻たちの宗教意識についても、パキスタンの「習慣」と対比させつつ、「真のイスラーム」とは何かを問うことで、「改宗ムスリム」としての自己像の構築プロセスをたどるケースが少なくない。つまり、女性たちの宗教意識や実践は、夫側への同化という枠組みでは理解できず、それぞれの女性たちがおかれた社会経済的な諸条件や家族環境、社会的ネットワークと絡み合いつつ、個別の変容の軌跡をたどっている（工藤 二〇〇八、Kudo 2007）。このため、子どものための「ムスリムとしての基本」が指すものは、夫婦の間でも、また、在日ムスリム全体の間でも画一的なものではない。

その一方で、パキスタンで話を聞いた女性のうち複数が、日本の公教育で宗教的な実践が権利として保障されていないことに不安を感じたことを挙げている。たとえば、非イスラーム圏に暮らすムスリムの多数派にとっては、「ハラーム（禁じられたもの）」を避け、「ハラール（イスラームで許容されたもの）」な食をとることが一つの課題となる。しかし、日本の公教育においては宗教の差異は考慮されないため、ムスリム児童の食についても、個々の教育施設や教職員の裁量にゆだねられている（服部 二〇〇九）。このため、学校での対応には幅があるが、こうした食の課題は、学校や地域社会の諸行事で出される食事で子どもがハラームなものを口にしないよう、非ムスリムとの日々の交渉役を担う日本人の母親にとって重い負担と感じられている（工藤 二〇〇八：一七六-八〇）。パキスタン在住のAさんは、「日本はムスリムとして暮らすにはたいへんで、いろいろな制限がある。〔…〕それに対してパキスタンではイスラームはそこにあるもの」と述べた。このように、ムスリムとして育てることが日本では大きな努力を払わなければできないのに対して、パキスタンでは容易にできると感じられており、そのことが日本人の母親がパキスタンへの移住に同意する理由の一つになっている。

●三・二　娘の性的保護

「ムスリムとして育てる」ことは、とりわけ娘の場合に重要な意味を帯びる。その背景には、パキスタン社会において重要な価値規範である男女隔離（パルダ）の実践がある。南アジアで広く認められる慣行であるが、ムスリムの間では、宗教的に正当化され、近親者以外の男性から女性を隔離する実践を指す。パキスタン社会において、とくに未婚の娘の性的保護は、父親をはじめとする男性親族や親族集団全体の名誉や社会的地位を確保するためにきわめて重要とされている。ただし、男女隔離の規範や実践は、パキスタン内でも地域、階層などによって多様で、変化もしている。一九八〇年代後期以降に日本に移動した中間層出身の夫たちの多くは、日本で娘が就学期を迎えた頃から、将来の性的保護を重要

［9］夫の宗教意識については、彼らの多くがジヤーウル・ハック政権（一九七七-八八）のイスラーム化政策のもとで一〇代後半から二〇代をすごしたことが影響している可能性もある。しかし、ハック政権の同政策に批判的な意見を述べた夫もおり、イスラーム化政策を在日パキスタン男性の宗教意識に単純に結びつけることには注意が必要であろう。さらに、夫が来日後にアフレ・ハディース派などの影響を受けるようになったケースもみられ、移動の文脈における宗教意識の変容も考慮に入れる必要がある。

課題と捉え、娘の（性的な純潔性という意味での）「安全」を確保するためにパキスタンでの教育を理想と考えるケースが多かった。これに関して第三国で子どもたちと暮らす女性は次のように語った。

お父さんたちは、日本で子どもを育てるのが心配で心配で仕方ない。とくに女の子。奥さんのことは、奥さん、それでいいけど、娘となったら、違うのよ。

ハラールな食などについては子の性別に関わらず重要とされるが、性的保護は概ね娘に関してのみ語られ、性の二重規範がみられる。娘の性的保護は、夫やその親族が社会的な関係を切り結んでいくうえで欠かせない尊厳を維持する基盤と捉えられているといえよう。ただし、こうした夫たちの願いが実現されるかどうかは、個別の家族がおかれた状況や、夫自身の考え方の変化、そして日本人の妻との交渉などによって多様である。

●三・三　英語教育

よく挙げられるもう一つの移住の理由には、英語教育がある。英語は、イギリスの旧植民地であるパキスタンにおいて教育レベルや社会的地位を示す象徴であり、将来の子どものキャリアや、娘の場合には、条件のよい縁談の申し出を得るためにも重要な資源となる。また、英語媒介の学校には、富裕層の子弟が通う名門校が多く、そうした学校に子どもを通わせることは、親族集団としての階層上昇を象徴するものともいえる。

このことは、近年、アジア圏内の先進国の夫婦のなかで、夫を残して妻が英語圏の国で子を教育するというグローバルな教育戦略が出現していること（落合・山根・宮坂 二〇〇七）を想起させる。しかし、日本人女性とパキスタン人男性の夫婦の多くの場合には、二国間の経済格差を利用することで子に英語教育の機会を与えられるようになったという違いがある。

日本人女性たちは、こうした英語教育をどうみているのだろうか。注目すべきは、英語媒介の学校を選んだことに関連して、「子の将来の選択の幅を広げる」という点を挙げた女性が複数いたことである。女性（Bさん：息子と娘をパキスタンで養育中）[10]は、英語媒介の学校を選んだ理由について、「将来外国に出したかったし、日本国籍をもっているので、日本にも戻れるような状態にしてあげたかった」と述べている。このように、英語教育は、日本国籍という資源をもつ子どもたちが、階層上昇のみならず、パキスタンを飛び石として日本を含む先進国に再移動するための資源としてもみられている。

英語教育が可能にする将来の「選択」には、子の性別によって別の意味が付されるケースもある。たとえば、Cさんは、学校選びの基準として、「娘が将来パキスタンが嫌という場合に、外に行けるような状態にしておいてあげたい」と述べた。実際に、別の女性の娘はパキスタンで教育を受けた後、日本に帰国し、英語で授業を行う大学に通った。その理由として母親は「娘はパキスタンにいると親族に縁

[10] 聞き取りをした女性の子どもたちは、全員が日本国籍を保有している。これは、一九八四年の日本の国籍法改正により、父系血統主義から両系血統主義となり、母親の日本国籍を継承することができるようになったことによる。日本の国籍法では二二才まででは重国籍が可能であるが、調査対象者の間では子どもがパキスタン国籍を取得していない場合も少なくない。その理由にはパキスタン国籍より日本国籍のほうが国境間移動がはるかに容易であることがあるが挙げられるケースが多い。

談を勧められるのが嫌だったことが大きい」と語っている。このように、若いムスリム女性にとって、大学への進学は男女隔離や結婚をめぐる規範を交渉するための重要なカードともなりうる。

●三・四　二国間の経済格差を活かすという生活戦略

夫が日本で働き、妻子がパキスタンに住むことで、二国間の経済格差を最大限に利用でき、合同家族全体がより高水準の生活を維持できる点も複数の女性たちに指摘されている[11]。グローバル化が深化するなかで、国家間の経済格差は、さまざまな文脈で、国境を越えた家族形成やライフスタイルの変化に結びついてきた（水野 二〇一〇）。パキスタン人男性と日本人女性の国際結婚においては、そうしたグローバルな経済戦略が、英語教育や宗教的、文化的な世代間継承の課題と結びついたかたちで実践され、国境を越えた家族形成の軌跡をさらに複雑にしているといえるだろう。

家族が国境間に分散し、国家間の経済格差を利用することでパキスタンでの階層上昇が可能になる一方で、子、とくに娘の養育に課題を生むケースがあることもここで付記しておきたい。ある女性は子どもの学校選びの難しさについて次のように語っている。彼女の子どもたちは、富裕層の子弟が通う学校に通っており、彼女は、夫の収入では日本では塾に通わせることも難しいが、パキスタンで教育することで、富裕層の子弟が通う学校での教育が可能になるという利点を強調した。しかし、彼女によれば、英語教育や衛生面では、富裕層の子弟が通う学校は理想的だが、パキスタンでは階層が違うと生活レベルだけでなく、「まるで別の国に住んでいるような」考え方の違いがある。とりわけ問題であるのは、富裕層は子どもの誕生会を男女混合で行うなど、男女隔離の規範が緩やかである点であり、それがとくに娘の性的保護の観点からみて課題であるという。

この例にみるように、子どもは日本の父親からの送金によって富裕層の子弟と同じ教育を享受できるが、一方で、そうした学校では、これら中間層出身の家族の多くが肝要とみなす男女隔離の実践に課題が生じる。国家間の経済格差を利用した生活戦略に、パキスタンの富裕層とのジェンダー規範の差異が交錯することで、子の養育に新たな課題がもたらされているといえるだろう。

●三・五　要因の複合性

このほか、日本の学校で経験した差別や排除、またはその懸念が日本を出るという選択につながったケースもあり、そこには日本社会における子どもたちの居場所という問題も絡み合っている。さらに、発展途上国とみなされるパキスタンに愛着をもって育ってほしいという夫の希望が移住の理由に含まれるケースもあった。日本人女性と結婚し、日本を拠点にビジネスをするパキスタン人男性にとって、パキスタンでの子の養育は故国とのつながりを維持し、「パキスタン的なるもの」を次世代に継承する手段としても考えられているといえよう。

日本人の妻たちは、娘の養育をめぐる夫の望みを完全に共有するわけではない。また、日本人女性たちは、長期的な移住の前にも、子の幼少時にパキスタンに子連れで滞在することが少なくなく（工藤二

［11］五十嵐（二〇一〇）が論じているように、パキスタンからの移住労働は、個人的動機によるものだけでなく、合同家族を核とする親族集団の集合的な家族戦略と位置づけることができる。そうした家族戦略は、出稼ぎに出た男性が日本人女性と結婚したあとも、夫婦がおかれた個別の状況のなかで多様に展開している。

〇〇八：二〇〇九－一一）、後述するようなパキスタンにおけるさまざまな困難をすでに経験している。しかし、日本で子どもをムスリムとして教育する責任のみならず、とくに母親として娘を非イスラーム圏で性的に保護する役割を重く受けとめ、思い悩んだのちに最終的にパキスタンへの移住を決めたケースが複数みられた。

さらに強調しておきたいのは、妻がパキスタンへの移住を決意する理由は複合的なものであり、そこには、日本社会における妻の経済的地位も関わっていることである。ある女性は、夫がパキスタンでの子の養育を強く望んでいたが、彼女自身はパキスタンへの移住を避けたいと思っていた。しかし、出産を機に仕事を辞め、独立した収入源をもっていなかったため、[12]夫と離婚して日本でシングルマザーとして子を育てる自信がなかったことが、移住に最終的に同意した理由の一つだったと述べた。このように、移住をめぐる意思決定の過程には、パキスタン社会のジェンダー理念のみならず、日本社会における女性の労働市場での周縁性など、夫婦の生きるより広い社会経済的文脈が関わっている。

四　合同家族で暮らす日本人女性たち

本節では、パキスタンに移住した日本人女性たちの生活状況、とくに母親役割に目を転じる。ここでは主に二〇一一－一三年のパンジャーブ地域におけるA市およびその近郊のB市に居住する女性たちを対象とした聞き取り調査の結果をもとに議論したい。[13]聞き取りをおこなったのは、四〇代から五〇代前半で、移住して六年から一六年の日本人女性たち六名であった。

パキスタンに移住した日本人女性と子どもたちは、主に夫方の合同家族のもとで生活をしている。パキスタン社会の合同家族は、理想的には夫方居住を原則とし、娘は結婚すると家を出て、息子は結婚後も妻子とともに親と同じ世帯で同居する（工藤 二〇〇八：三五‐六）。ただし、男性は海外に出稼ぎに出たり、息子夫婦が親たちと別居するケースもあるため、実際には世帯の構成は多様である。

●四・一　ジェンダー規範の交渉と家内での自律性の確保

こうしたパキスタンの夫方親族との生活では日本人女性にどのような課題があるだろうか。移住当初の困難として女性たちが挙げたものとして、頻繁に起こる停電などの社会のインフラ面での問題や合同家族内の関係性などのほかに、前述の男女隔離の規範や治安、言語などの問題から、家外に自由に出られない点があった。そうしたなかで、女性たちは日常的な買い物や子どもの通院などにおいて、男性親族の助けに頼らざるをえないことが多い。そうした依存関係は、世帯内にすでに存在するジェンダーと世代で規定された権力構造をさらに強化させることにもつながりうる。

しかし、一九九九年の調査時に比べ、二〇一三年の調査では、女性たちが世帯内で一定の自律性を確

[12] 子育てが一段落したあとに妻がパートなどで再就労するケースもある。そうした妻の稼得が、子をどこで養育するかをめぐる夫との交渉に与える影響については、Kudo（2014）を参照されたい。

[13] 二〇一三年の調査では六名の女性から聞き取りをおこなったほか、現地在住の日本人女性の集まりにも参加させてもらい、参加女性たちから話を聞いた。一九九九年の現地調査の結果については工藤（二〇〇八：一四および第七章）を参照されたい。なお、二〇一三年の調査は、ＪＳＰＳ科研費ＪＰ二三二五一〇〇六の助成を受けて可能となった。

保している傾向がみてとれた。この理由としては、六名全員の滞在年数が五年を超えており、そのうち三名は一〇年以上であったことがあるだろう。たとえば、現地調査中にその自宅を訪問した女性二名は、夫やその兄弟の送金で数年前に建てられた新しい家屋に引っ越しており、合同家族が住む家屋内には、彼女たちと子どもたちが一定の独立性を保って暮らせる居住空間が設けられていた。また、A市に住む女性たちの多くは、車を運転し、自分で買い物や子の送り迎えなどをおこなっていた。前述のように、娘の家外での行動がきわめて慎重に管理されるのに対して、日本人の妻たちの男女隔離の実践については一定の交渉の余地があるといえよう。

妻たちは、こうした自律性を獲得するために合同家族の年長男性との交渉を重ねたり、信頼を勝ち得るよう努めるだけでなく、日本にいる夫たちにもさまざまな要望を伝え、交渉している。妻の要望に対し、夫の態度も時間の経過とともに変化しているケースがみられた。たとえば、ある女性の夫は、外出の制約についての訴えを妻から聞き、最初は「なじめないお前が悪い」という感じだったが、いまは彼女が家外に出ることのみならず、金融機関から現金を引き出すなど、パキスタンでは「男の仕事」と思われることも妻に任せるようになったという。彼女は、「こっちでは、男の人に頭を下げてやってもらうより、自分でやったほうがいい」と語っている。

ただし、居住地域が都市部か否かによっても性別分業や空間的な男女隔離の規範を交渉する可能性は異なってくる。たとえば、A市近郊のB市に住むDさんは、夫の父が他界してからは彼女が家外の用事もするようになったが、「女性には行けるところと行けないところがあり、電気などの公共料金を支払う建物に出入りするのは女性には難しく、運転手として雇っている男性に行ってもらう」と述べ、「男の人が外のことをやってくれないと家のことがまわらない」とつけくわえた。以上のように、居住地域などによる差異はあるものの、日本人の妻たちは、家内の権力構造のなかで交渉をしつつ、性別役割分業の境界を越えることを試みている。

●四・二　母親役割をとおしたエスニック境界の維持と補強

では、日本人女性たちの世帯での役割はどのようなものだろうか。パキスタンの合同家族において、日本人女性たちは、母親だけでなく、義理の娘や姉妹、叔母といった、複雑な親族関係の網の目のなかで生きることとなる。そうした女性たちの家内役割は、世帯構成やライフサイクルの変化によって多様であるが、[15]日々の生活のなかでは母親役割が大きな比重を占める場合が多かった。たとえば食事の支度に関しては、同じ家屋内に住む夫の兄弟の妻たちが、交替で料理するのに対して、日本人の妻は、自分と子のために別に日本食をつくって食べるケースが少なくない。こうした女性たちにとっては、非イスラーム圏である日本と異なり、子どもが家外でハラームな（イスラームで禁じられた）ものを食べることを

[14] 二〇一三年に聞き取りをした女性六名のうち、夫が日本を拠点にビジネスをしていたのは四名で、あと二名はパキスタンを拠点に生活しつつ、日本を含む複数の国のあいだを行き来していた。

[15] 女性たちのライフサイクルが進むなかで、日本の妻の親の介護も課題となりつつある。パキスタン在住の女性が、日本から親を呼び寄せて介護し、パキスタンでみとったケースもある。パキスタンでは、日本のような公的な介護サポートがない半面、合同家族で介護を分担できることや、国家間の経済格差を利用して家事、介護労働者が安く雇えることを利点として挙げた女性もいる。また、別稿（Kudo 2014、工藤二〇一六）で論じたように、パキスタンに住む日本人女性が親の介護のために日本に長期間、帰国したケースもあった。

心配する必要はないが、代わりに日本の食材を確保し、日本食をつくることが母親役割の一つとなっている[16]。

家内の言語使用については、聞き取りをした女性の子どものほとんどが、母親とは日本語で会話し、他の家族とはウルドゥ（パキスタンの公用語）やパンジャービー（パンジャーブ地域で話されている言語）で話していた。このほか、調査中に滞在した二軒の家では、日本人女性と子どもが暮らす居住空間には、暖簾などの日本的な趣きが取り入れられていたことも特徴的なこととして挙げられる。

こうした日本人女性たちの生活をみると、パキスタンにおける母親役割が、単に子どもの身体的ケアだけにあるのではないことが示唆できる。なぜなら、彼女たちは、料理や居住空間の装飾、言語使用を通して他の家族とのあいだにエスニックな境界を日々更新し、維持しているからである。このことを示すように、ある女性はパキスタンに子どもと移住した理由を語るなかで、次のように語った。

子どもだけをパキスタンの合同家族のもとに預けて学校に通わせる選択肢がないわけではなかった。でも、そうなると子どもたちは完全にパキスタン人になってしまう。そうではなく、子どもたちには、パキスタン人と日本人の両方の部分をもってもらいたかったから、パキスタンに一緒に移住して自分の手で育てることを選んだ。

この〈自分の手で育てる〉という表現には、単なる養育やケアのみならず、日常の対面的な相互作用のなかで子の文化的アイデンティティ形成に関わるという意味がこめられているといえるだろう。

●四・三　家内における日本人女性の地位の両義性

すでに述べたように、聞き取り対象の女性たちは、パキスタンの世帯内の明確な性別役割分業の境界を交渉しつつ、一方で「日本人」としてのエスニック境界については、日々、維持・更新している。ここで着目したいのは、こうした交渉やエスニック境界の維持が可能となる背景に、パキスタンの合同家族のなかにおける日本人女性の地位の相対的高さが関わっていることである（Kudo 2012a: 156）。そのことを示すために、Cさんの例を紹介したい。

Cさんの暮らす合同家族は、海外からの送金で新居を建築したが、その際にCさんは、自分と子どもたちの区画には個別の台所などを設けてもらい、他の家族の住空間からある程度独立させることを望んだ。彼女からこの要望を聞いた日本の夫は、最初はパキスタンの合同家族では難しいと難色を示したものの、最終的には聞き入れて家族に交渉した。

Cさんによれば、これには、夫が日本で働き、合同家族の家計に貢献してきたために夫の家内での地位が上がっただけでなく、彼女が「外国人だから許されている」部分もある。この背景には、Cさんが子育てのために先進国から途上国に移住したことに加え[17]、日本人として、夫の日本での滞在資格の安定

---

[16] グローバル化する世帯において女性たちが家事や育児、子の教育に関わる役割をいかに分業、または選択しているかについては、台湾で外国人家事労働者を雇用する中間層の女性についてのLan（2006）や、家事の市場化が進むタイのバンコクにおける既婚女性の事例を扱った斧出（二〇〇七）による論考がある。

[17] くわえて、日本人女性が、先進国から途上国に子の教育のために移住することで払う自己犠牲（工藤二〇〇八：二三八）が、パキスタン社会の理想的な母親像と一致し、合同家族内での彼女の地位を高めていることも推測できる。しかし、自己犠牲を女性性の理念の中心に位置づけるパキスタンの価値規範について、日本人女性の態度は一様ではない。

化やビジネス確立に大きく寄与したこともあろうと推測される。

しかし、「外国人である」ことが常に有利に働くわけではない。Bさんは、「日本人（女性）のなかには家から出てこられない人が沢山いる」と述べており、夫の家族から外出を制限される女性たちもいることを示唆した。Dさんによれば、知り合いの日本人女性は、夫に定収入がなく、合同家族の別の男性親族の収入で生活している。こうしたケースでは、日本人女性は、夫が経済的に世帯に貢献できないことに加え、女性であり、外国人であることなどで、合同家族内で多重に周縁化されているといえる。

以上、パキスタン人男性と結婚した日本人女性たちによる、夫の国への移動の経験について論じてきた。ここで指摘しておきたいのは、こうしたパキスタンへの妻子の移住が長期化するとは限らない点である。調査開始当初の聞き取り調査対象者の女性四〇名について把握できる範囲では、パキスタンに移住した一三名のなかでも、日本に戻ったり（四名）、第三国に再移住したケース（三名で、うち一名はその後日本に帰国）がこれまでに七名にのぼる。つまり、妻子の移住は必ずしも定着に向かうものではなく、むしろトランスナショナルな還流移動を生み出す可能性が高い。

こうした再移動の理由も、最初の移動と同様に複合的である。たとえば、パキスタンから日本や第三国に再移動する場合には、既述のような合同家族での関係の難しさや、女性にとっての空間移動の制約、インフラの脆弱性や治安の悪さなどが挙げられることが多い。さらに、第三国から日本への帰国の背景には、生活費や教育費の高さのほかに、移住先の第三国において在留許可の更新が難しいなど、グローバル化が深化するなかで厳格化する先進諸国の入管規制も関わっている。こうした複雑な理由から、トランスナショナルな家族の形成プロセスは多様であり、したがって、子どもたちの移動の経験もさまざまである。

日本に帰国した場合、義務教育課程の子どもたちのほとんどは、近隣の公立学校に通っている。帰国後の経験は子どもの年齢や日本語の習得の度合いなどにも左右されるが、「同じであること」が優先される日本の学校社会で同化圧力を受け、生きづらさを感じるケースは少なくない。日常会話からは日本語に不自由しないかにみえる子どもたちにとっても、日本語の読み書きの壁が高いこともあり、日本での教育への移行は容易ではない。

パキスタンで日本の高校課程にあたる教育を終え、一定の学業達成を果たした子どもたちが、第三国や日本で大学教育を受けるケースもある。現在までの調査によれば、そうした子どもたちは、同じような環境下でパキスタン国外の大学に進むロールモデルが十分にないなかで、さまざまな進路選択の課題に直面している。日本は子どもの進学先として有力な候補地となることが多いものの、日本で英語で学べる大学の選択肢は決して多くない。日本国内に住む外国人生徒の進学問題はすでに指摘され始めている（樋口二〇一四）が、こうして国境を越える日本国籍の子どもたちが日本の高等教育への進学で直面する困難にも目を向けていく必要がある。

五　まとめにかえて――交錯する差異―ジェンダー、エスニシティ、階層

最後に、国境を越えた親密圏における差異の交錯とそれが次世代の再生産に及ぼす作用について、本

章の議論が示唆するところをまとめたい。

第一に、パキスタン人男性と結婚した日本人女性たちの移動は、当事者たちに「宗教のための移住」として語られることが多いが、その理由は実際には複合的なものである。そこには子に「ムスリムとしての基本」を身につけさせることに加えて、娘の性的保護や英語教育などのさまざまな要素がある。それら複数の要素をいかに組み合わせて子を養育するのかは、夫婦の個別の状況によって多様であり、また、その過程は、改宗ムスリムである日本人の母親自身のムスリムとしてのアイデンティティ構築とも不可分に関わり合っている。さらに、女性たちは、子をムスリムとして再生産する主要なエージェントとして母親役割を遂行する一方で、子に「日本人」としての要素も継承しようとしている。

第二に、女性たちは、子どもたちにこうした混淆的なアイデンティティを養生していくために、パキスタンの中間層に求められるジェンダー規範を日々の生活のなかで交渉している。そうした日本人女性の交渉が可能になっている背景には、グローバルな社会空間における、ジェンダー、国籍などの複数の差異や力関係の交錯があり、女性たちは、合同家族内の権力構造において、他の嫁と比較して相対的に高い自律性を獲得しているケースが少なくない。その帰結として彼女たちは、夫の国での子の養育において「ムスリム的なるもの」に、「日本的なるもの」を混淆していくことが可能となっている。しかし、女性たちの状況は、夫の経済状況などの要素によっても多様かつ可変的であることに注意する必要がある。さらに、パキスタン人男性を夫とした日本人女性の子育ては、日本における既婚女性の就労の困難や、パキスタンにおける富裕層と中間層のジェンダー規範をめぐる認識の差異などによっても重層的に規定されており、そこで女性たちは子の養育における可能性のみならず、困難や矛盾にも直面している。

以上論じてきたように、パキスタン人男性と日本人女性による次世代の養育には、合同家族の経済戦略や他の諸要素が交錯し、その複雑な作用のなかでトランスナショナルな親密圏が生み出されてきた。日本の多文化化を検討する際には、日本国内での状況のみならず、国境を越えた移動によって生じる生活世界や関係性、そして、その過程で形成されるアイデンティティのありようを視野に入れる必要がある。国境に規定されつつ、それを越えて展開する日本の多文化化を考えるとき、そこに既存の「日本人」対「外国人」という二項対立的かつ静態的なモデルが通用しないことは明らかである。さらに、次世代の進学や、就労、そして結婚により、トランスナショナルな家族の形成は、現在、新たな段階を迎えつつある。本章でみたようなジェンダーや国籍、階層の交錯の様態は、今後いかに変容し、そこから国境を越えた関係性がいかに維持または再編されていくのだろうか。日本の多文化的状況の展開を理解するために、こうしたトランスナショナルな空間における差異や力関係の交錯のなかから、「我々なるもの」がいかに再解釈され、次世代に向けて縫合されていくのかを注視していく必要があるだろう。

【引用・参考文献】

五十嵐泰正（二〇一〇）「ディアスポラとしての元「不法」就労パキスタン人たち」駒井　洋［監修］首藤もと子［編著］『東南・南アジアのディアスポラ』（二〇〇-二一一頁）、明石書店
小ヶ谷千穂（二〇〇六）「女性の国際移動と越境する「家族」―グローバル化の文脈において」金井淑子［編］『ファミリー・トラブル―近代家族／ジェンダーのゆくえ』（一八三-二〇〇頁）、明石書店
落合恵美子・山根真理・宮坂靖子（二〇〇七）「終章」落合恵美子・山根真理・宮坂靖子［編］『アジアの家族とジェン

ダー』（二八五-三一〇頁）、勁草書房
斧出節子（二〇〇七）「タイ・バンコク都における中間層の家事・育児・介護―再生産労働の社会的枠組み」落合恵美子・山根真理・宮坂靖子［編］『アジアの家族とジェンダー』（一六八-八六頁）、勁草書房
工藤正子（二〇〇八）『越境の人類学―在日パキスタン人ムスリム移民の妻たち』東京大学出版会
工藤正子（二〇〇九）「関東郊外からムスリムとしての居場所を築く―パキスタン人男性と日本人女性の国際結婚の事例から」『文化人類学』七四（一）、一一六-一三五
工藤正子（二〇一六）「グローバル化における家族とジェンダー役割の再配置―日本人女性とパキスタン人男性の越境結婚の事例から」中谷文美・宇田川妙子［編］『仕事の人類学―労働中心主義の向こうへ』（七一-九一頁）、世界思想社
厚生労働省（二〇一五）『人口動態統計（二〇一三）』一般財団法人厚生労働統計協会
申　琪榮（二〇一二）「国際移住者の複合的差異・差別の理解に向けて（特集　韓国の移住女性とジェンダー）」『Migrants Network』一四七、四-五
高畑　幸・原　めぐみ（二〇一二）「フィリピン人―「主婦」となった女性たちのビジネス」樋口直人［編］『日本のエスニック・ビジネス』（一五九-八七頁）、世界思想社
服部美奈（二〇〇九）「ムスリムを育てる自助教育―名古屋市における児童教育の実践と葛藤」奥島美夏［編著］『日本のインドネシア人社会―国際移動と共生の課題』（二一五-二三二頁）、明石書店
樋口直人（二〇一四）「ニューカマー外国人の進学問題―現状分析から行動へ」『Migrants Network』一六八、三-五頁。
法務省（一九九一-二〇一六年）『在留外国人統計』入管協会
水野正己（二〇一〇）「ネパール人のディアスポラ」駒井　洋［監修］首藤もと子［編著］『東南・南アジアのディアスポラ』（二四五-六一頁）、明石書店
山根　聡（二〇〇三）「さまざまな人々をつなぐ信仰―パキスタンのイスラーム」広瀬崇子・山根　聡・小田尚也［編著］『パキスタンを知るための六〇章』（五二-六頁）、明石書店
Kojima, H. (2006). Variations in demographic characteristics of foreign 'Muslim' population in Japan: A preliminary

estimation. *The Japanese Journal of Population, 4*(1), 115–30.

Kudo, M. (2007). Becoming the Other in one's own homeland? : The processes of self-construction among Japanese Muslim women. *Japanese Review of Cultural Anthropology, 8*, 3–27.

Kudo, M. (2012a). Mothers on the move: Transnational child-rearing by Japanese women married to Pakistani migrants. In D. W. Haines, K. Yamanaka, S. Yamashita (Eds.), *Wind over water: Migration in an East Asian context* (pp.150–60). New York, Oxford: Berghahn Books.

Kudo, M. (2012b). Being the Muslim "Other" in Japan: The experiences of Pakistani-Japanese couples and their children,『人種表象の日本型グローバル研究』平成二四年度研究成果報告書（平成二三年度-二六年度科学研究費補助金、基盤研究（S）、研究代表者　竹沢泰子 京都大学人文科学研究所）、七七-九〇頁

Kudo, M. (2014). The trajectories of family-making through cross-border marriages: A study of Japanese-Pakistani married couples. In Y. W. Chan, D. W. Haines, J. H. X. Lee (Eds.), *The age of Asian migration: Continuity, diversity, and susceptibility* (pp.46–59). New Castle upon Tyne: Cambridge Scholars Publishing.

Lan, P-C. (2006). *Global cinderellas: Migrant domestics and newly rich employers in Taiwan*. Durham, NC: Duke University Press.

Mahmud, H. (2014). 'It's my money': Social class and the perception of remittances among Bangladeshi migrants in Japan. *Current Sociology, 62*(3), 412–30.

Takeshita, S. (2008). Muslim families comprising Pakistani fathers and Japanese mothers: Focusing on the educational problems of their children. *Journal of Women of the Middle East and the Islamic World, 6*, 202–24.

Takeshita, S. (2010). Transnational families among Muslims: The effect of social capital on educational strategies. In W-S. Yang, & M. C-W. Lu (Eds.), *Asian cross-border marriage migration* (pp.221–39). Amsterdam: Amsterdam University Press.

第二章　〈共に生きる領域〉における多文化的実践

――在日コリアンの「若者」の追跡調査から

川端浩平

一　はじめに――不可視化される在日コリアンとは誰か？

筆者が在日コリアン（以下、在日と略記）のフィールド調査を、生まれ育った岡山で開始したのは二〇〇二年八月のことだった。八月からの一か月間の予備調査を経て、二〇〇三年から一年間、在日の若者たちの参与観察および聞き取り調査をおこなった。この調査の目的は、筆者が博士論文のテーマとしていた日常生活のなかのナショナリズムや差別への批判的問題意識から、彼／彼女らが経験している日常的な差別の経験や帰属意識の形成について考察することにあった。

在日の知り合いがいなかった（と思いこんでいた）筆者は、岡山の在日本大韓民国民団（以下、民団と略記）の青年会や在日本朝鮮人総聯合会（以下、総聯と略記）の青年同盟や留学生同盟といった民族組織の活動に参加する若者たちやその知人などを中心に参与観察と聞き取り調査をおこなった。二〇〇三年に限れば、六〇数名（出会ったのはそれ以上）と交流し、そのうち四〇名程度に聞き取りした。聞き取りに関しては、ある程度は親しくなって信頼関係が実感できた後に、彼／彼女らの職場、自宅、あるいは近くのファミレスなどで実施した。一年間の調査を実施していくなかで明らかになっていったのは、簡単には在日と一括りにすることができないような多様性であった。たとえば、活動に参加している民族組織と国籍に直接的な関連はなかったし、同じ家族や親族のなかでも朝鮮籍・韓国籍・日本国籍者がいるといった状況もそんなに珍しいものではないということだった。また、民族系の組織で活動している若者のなかには、「ダブル」といわれる、日本人と在日の両親をもつ者たちもいた（川端 二〇一四）。

そして何よりも、朝鮮学校出身者をのぞけば、多数の若者たちが家族や親族以外の在日の友人や知人がいない環境のなかで育っていたことは意外だった。また、朝鮮学校出身者も含めて、彼／彼女らの多くが、いわゆる在日の集住地域であるエスニック・コミュニティからは遠く離れて、郊外の非集住的環境のなかで育ったのだった。そしてそのことは、筆者が出会うことのなかった圧倒的多数の在日や、朝鮮半島にルーツをもつ日本国籍取得者の人たちもまた、そのような生活環境のなかで帰属意識を育んでいるということを想像させた。

先述したような、たくさんの在日の若者たちと出会うことを後押しした背景としては、調査当時の社会的な潮流の存在が大きかったといえる。たとえば、筆者が調査した民団の青年会活動は実質的に活動を中止していたのだが、二〇〇一年になって韓国留学から戻っていた金昌浩（一九七四年生 韓国籍）や民団で働いていた金秀一（一九七三年生 当時韓国籍）らが新たに立ち上げたばかりで、青年会の活動はとても活発なものだった。一九九〇年代後半からの映画を中心とした韓国のポピュラーカルチャーを軸としたソフトパワー戦略の大成功や、二〇〇二年日韓共催サッカーW杯といった韓国イメージをめぐる新たな潮流が、彼／彼女らのルーツへの関心やカミングアウトをエンパワメントしていたことは明らかだった。実際に聞き取りをおこなった者のなかにも、それまで在日というルーツに向き合うことに積極的ではなかったが、一九九九年に劇場公開された『シュリ』をきっかけに、韓国文化に興味をもち、生まれて初めて韓国へ旅行にいったというような事例があった。ともあれ、こうした同時代的な雰囲気とその追い風のなかで筆者のフィールドワークは進んでいったのであり、参与観察や聞き取り調査、そしてさまざまなイベント等を通じて得た知見を積み重ねることによって、非集住的な環境で生活する在日の若者たちが経験している現代的な差別の諸相を明らかにするとともに、それに対抗してどのような帰属意識が形成されているのかについて考察を深めていった。

ただし、韓流ブームに象徴されるような在日たちのポジティヴな語りには掴みきれない部分や多少の違和感を覚えることもあったし、調査をベースに執筆したエスノグラフィを書く過程において感じていたのは、本当に自分は在日のリアリティの多様性を描き出すことに成功しているのだろうかという疑問だった。つまり、自分の調査方法や分析枠組みというアカデミックなスタイルによっては、彼／彼女らの多様性を汲み取れていないのではないか、あるいは民族組織を起点とした研究調査からはみえてこない圧倒的多数の在日や日本国籍取得者の方にこそ目を向ける必要があるのではないかという問いへと展開していったのだった。

二　韓流、北朝鮮バッシング、在特会

先述したような違和感の背景としては、韓流ブームや二〇〇五年以降の政府や地方自治体による多文化共生といったような歓迎的な雰囲気がある一方で、二〇〇二年の小泉元首相の訪朝と北朝鮮政府の日本人拉致事件への関与の表明により、北朝鮮に対するネガティヴでエキゾチックなイメージがメディア空間で形成されていたことがある（和田・高崎 二〇〇三）。まさにそれは、ポストコロニアルな文脈における同時代的な韓国のソフトパワー展開に対して、グローバルな発展や開発からは取り残された、危険で野蛮な国家としての北朝鮮のイメージを形成していったのだった。

筆者が聞き取り調査した在日の若者たちの多くが語った「特に差別された経験がない」（実際に差別されたことがないわけではない）という語りとは裏腹に、総聯や朝鮮学校関係者への露骨な差別が頻繁に報告されるようになった（在日コリアンの子どもたちに対する嫌がらせを許さない若手弁護士の会 二〇〇三）。実際に、筆者が聞き取りをおこなった朴浩二（一九八一年生 朝鮮籍）が働いていた朝銀西信用組合では「建国義勇軍」と名乗った者による銃撃事件が起きた（『山陽新聞』二〇〇三年八月二四日朝刊）。また、総聯の岡山県地方本部で働いていた尹健一（一九七九年生 朝鮮籍）のところには、嫌がらせの電話がかかってきた。倉敷の岡山朝鮮初中級学校の近くにある総聯の倉敷支部で働いていた李永徹（一九七五年生 朝鮮籍）は、朝鮮学校に遠方から通う子どもたちが滞在しているピンナラ寮に「チンピラっぽい三人組」が「あのー、話いいですか」と入ってきたことがあったと述べた。

この間に筆者は、「友人」が働く中小企業にも定時（九時－一七時）で通い参与観察をおこなっていた。

その目的は、日常生活において、ナショナルな言説が消費を通じていかに生成されているのかというものだ。とくに、北朝鮮バッシングをめぐる言説に注目していた。中小企業で働く人びとがいつも北朝鮮について何かしら話題にするわけではない。ただし、北朝鮮によるミサイルの発射などセンセーショナルなニュースが流れた当日や後日に、北朝鮮に関するネタとしてジョークが飛ぶといったようなものだ。とはいえ、そのような日常的な雰囲気は、在日であることを明かさずに生活している多くの者にとって暴力以外の何物でもない（川端 二〇一三）。

しかし、そのような非常に厳しい状況下にあった総聯や朝鮮学校関係者にとってみても、在日に対する日常的な差別はなくなってきているように感じるというのだ。永徹は次のように筆者に述べたことがある。

最近差別ないからなあ。あるんだけど、目に見える差別じゃなくて、目に見えん差別になってきとるから。わしらんときは目に見えとったから、それが今ないから。わからせやすくないな。しんどいな。君ら差別されてるんだよ！って言ってもな、自分のもんじゃないから

ここで述べられている差別とは、かつての公共の場におけるエスニック集団に対する露骨な差別表現や暴力のことを指していると考えられるだろう。永徹の語りからは、差別は明らかにあると感じるけれども、それが何なのかを表現することが困難であるということが伝わってくる。もう一歩踏み込んで解釈するならば、旧来的な意味での反差別の定義や言葉が有効性を失ってきているとも考えることができ

るだろう。しかしながら、二〇〇〇年代半ば以降に台頭してきた排外主義の流れによって、差別をめぐる現在について根本から問い直す必要性が生じている。もはや、永徹が述べたように「最近差別ないからなあ」という状況ではなく、現代社会における差別の複雑な構造の一端が明らかになってきていると考えてみる必要がある。

三　「自己責任論」と不可視化

在日の若者たちの「差別を経験したことがない」や永徹の「最近差別はないからなあ」という語りの意味を改めて問い直す必要があるだろう。第一に確認しておくべきことは、すでに述べたように、これらの語りは差別が存在しないことを意味しているわけではない。筆者がおこなったインタビュー調査でも、「差別を経験したことがない」と語りつつも、もう一方で結婚や就職をめぐる差別の語りが出てくるということは珍しいことではなかった。第二に、これらの語りから感じられるのは、自分の力でどうにかやっていけるという自身に対するエンパワメントや力強さである。以前の筆者は、この第二の意味での語りを、自分の裁量や力量次第でどうにでもなるという、ある種の競争主義的な「自己責任論」であるというふうに解釈していた。そしてどこかこのような語りに懐疑的にならざるをえなかった。

しかし、在特会やヘイト・スピーチに象徴されるような排外主義が台頭する現在からふりかえってみると、かつての筆者の彼／彼女の語りに対する「自己責任論」的な解釈は、マジョリティによる在日に対する「自己責任論」的な表象と親和性が高いことに気づかされる。たとえば、ちょうど韓流ブーム絶頂期であった二〇〇三年に出版された『ニューズ・ウィーク』の特集「コリアン・ジャパニーズ」では、オーストラリア人の記者によって若い世代の在日の価値観が描き出されている。「自然体でいきる〈ニュー在日〉が日本をもっとヒップにする」、「旧世代の呪縛を逃れ誇り高く自然体で生きる若き在日コリアンたちは豊かな多文化社会の開拓者」、「経済的に恵まれ、差別体験も比較的少ないニュー在日」、「親の世代のように国籍や血筋にとらわれない」といった表象には、多様な価値観をもちつつも、ある種モデル・マイノリティ的な強い主体として在日が捉えられている。ただし、いわばこれらモデル・マイノリティとして描かれている在日のイメージにおいては、（一）きわめて消費社会的なイメージであること、（二）一部の成功者が強い主体として表象されていること、（三）新しい世代のイメージがすべて在日（エスニシティ）に集約されていて、圧倒的多数のリアリティである多文化化した混淆的なイメージについては描き出されていない。

ともすれば、「コリアン・ジャパニーズ」という枠組みに投影されているように、在日の「自然消滅」化という表象は、在日の存在そのものが将来的には消滅することを前提として成立しているといえる。（坂中 一九九九）が前提となっているような認識でもある。つまり、「自己責任論」を含む、在日の個人そしてこのエスニシティ＝国籍を量的に把握する観点から導き出された「自然消滅」という発想は、「ダブル」や日本国籍取得者を含めた朝鮮半島にルーツをもつ人びとの存在の質的意味を不問にすることによって成立している。ゆえに、今日を生きる在日の非常に複雑な状況が捨象され、エスニシティに集約されない、あるいはさまざまな属性や要素が交錯することによって生じるような他の問題がきわめて不可視化されるような状況がある。

このようにふりかえってみると、「自然消滅」という発想とは違うけれど、筆者の「自己責任論」という認識が見落としていたものは何だったのかという問いが導かれる。この問いに向き合うということは、これまで筆者の調査において前提としていた「若者」や「エスニシティ」といったカテゴリーに集約して理解してきた在日への差別の現状や、それに対して育まれる帰属意識をもう一度解きほぐして考えてみることである。かつて上野千鶴子が「複合差別論」で指摘しているように、差別の加害／被害をめぐる関係性は二項対立的に理解できるような単純なものではなく、エスニシティ・ジェンダー・階級といったさまざまな要素が「交錯」した現状を分析する必要があるだろう（上野 一九九六）。たとえば、朴君愛が論じているように、ミドル・エイジの在日コリアン女性の帰属意識の多様性やライフコースを通じた変容については、数多ある在日をめぐるアイデンティティ論においてほとんど明らかにされてこなかった（朴 二〇一四）。そしてまた、そのような交錯した差別の現状へと抵抗するような日常的実践のリアリティを明らかにすることは、多文化化の混淆的状況への理解をさらに深めることになるだろう。このことはまた、在日たちの強い語りの意味を個人の特性に還元して把握するのではなく、彼／彼女らをエンパワメントしている身近な関係性が育まれる日常的実践という文脈に位置づけて理解することを試みることでもある。

以下本章では、筆者が一四年前に調査した在日の「若者」たちのうち、かつて民団の青年会で活動し、日本人と結婚した五名への追跡調査で得られた語りをもとに、彼／彼女らのエスニシティの境界域における営みや帰属意識の変容を通時的に考察したい。彼／彼女らはもはや「若者」ではないし、すべての問題意識がエスニシティへと集約されるわけでもない。結婚、子育て、転職、引っ越し等々を通じて、あるいは日常生活の忙しさに追われるなかで、多文化的な実践を遂行しているのである。ここで述べる多文化的実践とは、エスニシティとジェンダー、階層、地域性といった諸要素が交錯する状況のなかで協働的に営まれる日常的実践のことを指す。ゆえに、それは俯瞰的で見通しの良い立場ではなく、あるいはアイデンティティ政治的な戦略的本質主義とも異なり、日々の生活との折り合いをつけながらも多様な価値観をメンテナンスしていくといったミクロかつ戦術的（tactics）な要素をおびたものである。また、彼／彼女らの語りは、日常的実践という個々の文脈に依存しているなかで紡がれるものであるゆえに、それぞれの言葉が明示することの直接的な意味を分析的に追うよりも、むしろ現実や理想の狭間でそれぞれの語りが抱える矛盾や葛藤のなかにこそ真意が込められていることに注意を向ける必要がある。それらの一つひとつは劇的な変容を示すような象徴的なものではないかもしれないが、まさにそのような日常的なミクロな次元における変化や歴史認識こそが、日本の多文化社会をめぐる理解からは不可視化されてきたものなのである。

四　在日コリアンの「若者」たちの現在

●四・一　「なんじゃそりゃ！」

大山浩一（一九七六年生　韓国籍）に出会ったのは、二〇〇三年のフィールド調査中のことである。当時の彼は、韓国への語学留学を経て、新たに立ち上げられた民団の青年会で副会長をしていた。高校まで地元の公立の学校に通い、兵庫県の私立大学に進学した。現在でも通名で過ごしているが、大学生になって岡山を離れてからは、自分が在日であるということを親しい人たちには伝えるようになっていった。ただし民団の青年会に入るまでは、家族や親戚以外に在日の友人や知人はいなかった。青年会の活動を通じて、同年代の同じ地域社会で育った仲間ができた。

その後、三〇歳のときに日本人の女性と結婚した。現在は、実家で両親と妻、それからもうすぐ一歳となる長男と五人で生活している。これまでは、実家が営んでいたビデオ屋や遊技業の換金、また母親の経営しているエステサロンの手伝いをしていたが、両親の高齢化や商売が先細っていることもあり、二年前からは昼間に整骨院で働き、夜には柔道整復師になるための専門学校に通うという生活を続けている。筆者が聞き取りをおこなった日は、週末に控えた試験のための勉強をしなければならないということだった。彼の実家近くのガストで聞き取りをおこなったのちに、実家にもお邪魔してさらに色々と聞かせてもらった。

彼に最初に聞き取りをおこなってからもう一一年以上経つ。昔聞かせてもらった話を思い出しつつ色々と質問してみたが、かつての経験や思いをふりかえりながら、現在はどのような状況にあるのかについて聞いてみた。まず聞いてみたかったのは、義理の父親との関係だった。というのも、以前、妻の家族と友人が働く焼肉屋に行った際に、義理の父親が従軍慰安婦は存在しなかったという旨の発言をした、ということを聞いたことがあったからだ。浩一は、結婚する前から義理の父親の主張に関しては、本棚にならぶ書籍から薄々と察していた。その話を筆者が尋ねると、彼は「もう忘れかけてますよ」と笑い、最近はそういう話はまったくしていないという。「逆に〔義理の父親が〕避けているのかも」とも思う。おそらく、浩一の妻や他の家族たちに注意されたのだろうということだ。とはいえ最近もちょっとした出来事があった。彼の息子の髪型についてのやりとりだった。息子の髪の毛は「モヒカンのようにぼうぼうに立っている」。妻の実家に家族で行ったときのこと。義理の父親は、「なんじゃそりゃ」と驚き、「その髪の毛は韓国人の血じゃろ」と言った。そのことに浩一が大きく傷ついたわけではなかった。彼は、妻が「剛毛」だから、それに似たのではないかと返答した。ただ、義理の父親とのやりとりを浩一の母親に伝えるととても怒った。そしてまた妻は、そのやりとりを母親に伝えた浩一に対して「何で言うん？」と注意した。でも今では、息子は、義理の父親に「そっくり」ということで一件落着している。

かつて結婚して間もないころに彼から聞いていたことだが、子供は「日本人として育てる」つもりだ。妻もそのことに「肯定的」な意見をもっている。浩一は、幼いころに朝鮮学校が運営していた保育園から日本の保育園に移ったときにからかわれた経験がある。アボジやオモニといった言葉、また自分の本名を語ったことを周りの人びとは受け入れてはくれなかった。そのような経験を息子にして欲しくないと考えている。妻と在日のことについて深く語り合うことはない。ニュース番組などで在日や朝鮮半島の話題になると言及する程度である。一方で彼女は、「韓国文化にどっぷり」の状況である。「韓国料理が大好きで、自分でも好んでつくる。韓国ドラマも大好き。韓国に対する否定的な感情はない」。浩一の家族における日常的な多文化的実践は明確な言葉としては表明されていないが、日々の小さな出来事を積み重ねるなかで、信頼関係は育まれている。子供は日本人として育てるとしても、在日というルーツを隠すわけではないから、今後、子供が自らのルーツにいかに向き合うのかは誰にもわからない。

子供のことと関連してもう一つ大きな変化があった。それは、日本国籍を取得しようと考えていることだ。「来年くらいには申請しよう」と考えている。このまま「日本で生活するわけだから」「自然な流れ」であると受け止めている。だから「本名みたいなものである」通名で過ごしていく。彼の両親が前々から「家族で帰化しよう」という話をしていたことも後押しした。「僕が〔帰化〕するよっていったら、〔母は〕あーそうなんて」。子供を「日本人として育てるうえで」負担を減らしたいという親心もある。かつては、非集住的な環境で育ったがゆえに、在日の知り合いはいなかった。韓国への留学や民団の青年会を経て、在日としての自分に向き合うようになった。ただし結婚や子育て、仕事や学業に追われるなかで、今や在日の友人たちと出会う機会も減っている。新たなる家族や親族と共に生きる静かな日々の暮らしのなかで、小さな対立や葛藤が少しずつ解消もしくは変化していくことを通じて多文化的な実践は育まれている。

●四・二「在日は消えないよ」

フィールド日誌をふりかえってみると、金秀一（一九七三年生 当時韓国籍、二〇一二年に日本国籍取得）と出会ったのは二〇〇二年八月二一日。フィールド調査の予備調査をおこなっているときのことだ。彼の実家近くにあるデニーズで、まだ在日のことについて学び始めたばかりの筆者は、二時間以上にもおよび話を聞かせてもらった。

秀一さんは、東大阪で育った。地元の朝鮮学校へ通い、高校を卒業すると、父親の仕事を手伝うために高知市で過ごしたが、二〇歳のころには岡山県倉敷市に家族とともに引っ越してきた。岡山では民団の専従職員として働き、その後は東京での勤務も経験した。先述した岡山の民団の青年会活動が再開された背景として、彼の存在は大きかった。というのも、彼は朝鮮学校で民族教育を受けてきており、その経験が青年会の活動を方向づけるうえでとても大きな役割を果たしたからだ。日本の学校に通った他の在日の若者とは異なり、彼の言動からは、「民族教育を受けてきた」ということに対するプライドのようなものを強く感じとることができた。韓東賢は、そのような文化的資源に「朝鮮学校的感性」という絶妙な命名をしている（韓二〇〇六）。その後、二〇〇二年に民団を辞め、倉敷市内の不動産屋で働いた。ただし、民団の青年会のメンバーとは交流が継続しており、若い世代のリーダー役としての役割を果たしていた。

それから一二年後の二〇一四年八月一二日、やはり同じデニーズで彼に聞き取りをさせてもらった。彼をとりまく状況は大きく変化していた。結婚して、日本国籍を取得していた。かつての「在日の若者」というカテゴリー（筆者が前提としていた枠組み）ではほとんど説明がつかない状況へと変わっていた。彼はその後三七歳まで不動産屋で働くも、転職して倉敷市内の医療施設で介護士として働くようになっていた。「キツイ」「割に合わん」「給料は住宅の時の半分、は言い過ぎだが三分の二程度」と述べたように、介護労働の現場の雰囲気が伝わってくる。同じ職場で介護士として働く日本人の女性と出会い、二年前に結婚した。「嫁さん」は国籍に関しては「こだわりない」と言ったが、義理の母親に、結婚するためには「日本国籍の取得が条件」と言われて、日本国籍を取得することとなった。日本国籍取得には抵抗感があった秀一さんのアボジは、ここで反対することによって「足踏みしちゃいかん」と「しぶしぶ」応じた。

筆者が、秀一さんをとりまく大きな変化をどのように受け止めているか尋ねてみたところ返ってきたのは、「在日って何だろう」という問いだ。以前の力強い在日論は鳴りを潜めて、エスニシティに還元して自分のすべてを説明することができない、複雑な心境が吐露されている。日本国籍取得後も職場では、民族名をずっと名乗っているものの、「裏切った感じ」や「罪悪感」も少しあるという。結婚して在日と接する機会が減ったこともあり、「民族的なものは薄れたかも」とも述べた。

とはいえ、職場では差別的な発言をされることがある。彼が勤務する施設の認知症患者は、何かを思い出したかのように、あるいは執拗に彼が「朝鮮人」であることを確認してくる。介護施設で世話をしているある六〇代の男性には「朝鮮」と言われて頻繁に絡まれる。この男性は認知症および何らかの「精神病」を患っているそうだ。秀一さんは看護記録に記入し、上司が保護者である男性の姉に相談したものの、今でも同じように絡まれることが多い。また、ある認知症の八〇代の女性には、「あんた朝鮮人？」とたびたび確認される。この女性は他のスタッフや患者にも同様の内容を流布している。そのような発言が「無意識で出ている」ことの根底に日本社会の在日に対する見方があると感じている。

このような現実が継続しているなかで、秀一さんは彼自身の変容する帰属感覚を象徴するような「民族的なものは薄れたかも」という表現とは対極的に、「帰化したからといって、在日は消えないよ」とも述べた。ただし、その根拠について尋ねてみると「チェサとかあるし」といったように、エスニックなものをめぐる何か新しい意識や混淆的な帰属意識が言葉によって明示されるというわけではない。ただし、このどこか矛盾はしているもののインパクトのある語りの背景で言語化されることのない、しかしそれを支えている、彼を勇気づけている身近な世界における関係性へと着目することが重要ではないか。

彼を勇気づけている関係性とは日々の何気ないことの積み重ねである。「嫁さん」とは、地元の焼肉屋によく行く。在日に関連することがあるとそのことについて言及することも多い。また、秀一さんは野球観戦が好き（彼女はスポーツに興味なし）ということもあり、倉敷のマスカットスタジアムで行われる阪神戦を観戦に行くこともある。その際には、在日の選手である桧山や金本の話をするが、「嫁さん」のリアクションは「あーそーなん」程度である。それでも、試合中の花火鑑賞や風船を飛ばすときには盛りあがる。また、二人で『報道ステーション』を見る習慣があるが、日韓問題に関連するニュースのときには、在日をめぐる歴史について語ったりすることもある。しかし「リアクションは薄い」。それでも、「嫁さん」は彼の家族とはとても良好な関係にある。「実家のキムチは美味しい」と言ってくれる。かつては、「民族教育を受けてきた」ことへの自負を前面に出していた秀一さんが、日々の生活のなかで何を一番大切にしているのかという筆者の問いに対して、「家事の分担」や「支えあい」と答えた。かつての民族教育を通じて培われた強固な在日という帰属意識は、日本人女性との結婚や日本国籍の取得を経て変容するとともに、野球観戦やテレビの報道番組、家事の分担などの支え合いを通じて変容しつつも営まれ、着実に展開しているのである。

●四・三　「若者」から「R40」へ

金昌浩（一九七四年生　韓国籍）と出会ったのも、秀一さんと同じ日だった。在日の「若者」を調査したいと民団の事務局長に相談したところ、たまたま民団に用事があった昌浩がそこを通りかかったのだった。その後、昌浩とは継続的に交流が続いている。あまりにも親密なので、改めて聞き取りをするのが照れ臭いくらいだ。

昌浩は、岡山駅前のかつて在日が集住していた地域で育った。今でも民族組織の地方支部や金融機関、在日の経営するホテルや飲食店などが存在するが、それほど生活者としての在日が多いわけではない。民団地方本部のすぐ近くで育った昌浩でさえも、家族や親戚以外の在日の知り合いはほとんどいなかった。彼は、そのような状況で生きる在日の若い世代を「隠れ在日」と名づけていた（川端二〇一三）。私たちは、民団の青年会での活動や総聯の青年団の若者たちとの交流を通じて、そのような「隠れ在日」や日本人と結婚した「ダブル」をめぐる問題などについて議論するなかで共に時間を過ごした。また、同じ地域社会で育ったこともあり、たとえば共通の知人がいたことなど、在日という枠を超えて同時代的な問題関心を共有することも可能だった。

はじめて出会ったころの彼は、日本の大学を卒業後にソウルの大学へと留学し、そこではじめて出会った同世代の在日の友人たちとの充実した日々を懐かしみ、岡山でも同年代の在日同士が交流し、語り合うような場を強く欲していた。その当時は民団に勤めていた秀一さんとの出会いなどを経て、民団の青年会の会長として活動し、いわゆる在日共同体からは疎遠となった若い世代のリーダー的な存在となっていた。二〇〇八年までは、岡山市役所の国際課の嘱託職員として働きつつ、青年会の活動も牽引し、同じように韓国留学を経験した者やこれまでは同世代の在日の知り合いがいなかったという者たちがそこに集ったのだった。

それから一二年経ったインタビュー当時、彼をとりまく環境は大きく変わっていた。二〇〇八年からは神戸へと引っ越し、韓国領事館に勤務することになった。岡山で出会った日本人の女性と結婚し、二人の子どもをもうけ、ローンを組んで購入した神戸市内のマンションで生活している。さらに二〇一二年からは外資系の生命保険会社に勤めることになった。公私ともに環境が大きく変化したわけであり、彼自身の帰属意識や思いもそれに応じて変わってきている。

そのことを象徴したのは、聞き取りを開始してまもなく彼が放った「在日の問題のまっただなかにいるわけではない」という語りだった。彼の日常的な関心事は「生活とか、いかに家庭をうまくやりくりできるか」というものだ。「今の仕事は安定していないから、いかに安定できるか」ということが当面の懸案だ。本屋に立ち寄れば、今までは決して手に取ることのなかったようなビジネス関連のコーナーで立ち止まるようになった。かつてのように、在日に関連するようなアカデミックな本や雑誌をみるという機会はめっきりと減った。営業で新幹線に乗る前に駅の本屋で「今売れているビジネスのノウハウ本とか生命保険の営業にちょっと工夫すれば」といった内容の本を購入し、東京に着くまでには読んでしまう。

結婚して、家族とともに過ごす時間が多くを占めている。神戸に引っ越してきたころには、兵庫や大阪の青年会の活動に参加していたが、そのような機会も徐々に減ってきている。在日の問題に関心がなくなったというわけではなく、考えてみれば昌浩はもう青年とは呼ぶことのできない年齢に達しているのだ。

彼の妻である山田真紀さんは、昌浩と出会ってから韓国の文化にどっぷりとはまっている。彼の家に遊びに出かけた際には、真紀さんがさまざまなコリアン風の料理を出してくれる。キムチも手作りで専用の冷蔵庫もあるくらいだ。韓国領事館の同僚や関西の民団の青年会の知人たちとの交流にも積極的だ。彼女のＳＮＳには、在日の人たちの名前が多く連なっている。昌浩と一緒に、韓国へは何度も旅行した。子供たちにも韓国語を教えている。五歳になる息子のズボンの名前はハングルで記されている。幼稚園や習い事にも父親の名字で通っている。昌浩は彼に韓国語を教えて、アメリカに滞在経験もある真紀さんはそれを英語にする。りんご⬇サガウァ⬇appleといった具合だ。

だからといって、トラブルがないわけではない。これまでの仕事とは異なり、生命保険会社の営業はタフだ。顔つきもどこか変わった印象もある。仕事で時間がないので、子供ともっと関わってあげたいのに、そのことができていないことが不安だ。嫁姑問題も悩ましい限りだ。今はバイリンガル教育だが、二人の子供（長男、長女）が成長するにつれてどのようなリアクションが返ってくるかは想像つかない。いつの日か韓国語を教えることに対して「アッパ嫌だよ」と言われるときが訪れることを想像すると辛い。「なんで（名字が）山田じゃないの？」という子供からの質問は避けて通れないだろうと考えている。「そんときは、ちゃんと教えてやらなきゃ」と思っている。「拒絶反応があるのか。受け入れるのか。名前のときどうレスするのか」。また、将来的に二人の子供たちがエスニックなルーツに向き合うときが来たとしても、それぞれの個性によってもどのような選択をするのかは変わってくるだろう。さまざまな要素が交錯するなかで、子供たちがいかなる選択をするのかはまだ誰にもわからない。とはいえ、このような状況をもって在日が「自然消滅」するという単純な答えに導かれるわけではないのは明らかだ。

●四・四　「中二病が終わった」

林裕子（一九七四年生　韓国籍）と出会ったのは、二〇〇三年に一年間のフィールド調査を終えた後のことだった。より正確には出会ったというよりは、再会したというほうが正しい。彼女は筆者と同じ高校に通った同期生だった。ただ面識はなかった。高校の連絡簿の出身中学校の欄に記載された岡山朝鮮初中級学校という記号とともに、彼女の名前を憶えていたのだった。オーストラリアで聞き取りデータのテープ起こしをしていくなかで、筆者の記憶の片隅にあった彼女と話をすることができなかったことが心残りとなっていったのだった。ウェブ上の同窓会サイトで彼女の名前を見つけた筆者は、色々と悩みはしたが思い切ってメールで連絡してみた。そして翌年に帰国した際には彼女に色々と話を聞くことができたのだった。偶然にもその頃の彼女はすでに、昌浩たちとも知り合いになり、民団の青年会の活動にも顔を出すようになっていた。

裕子は、幼稚園の年長が半年も過ぎたころから朝鮮学校の運営する幼稚園へ通った。岡山市藤田にあった（現在は倉敷のキャンパスに統廃合）岡山朝鮮初中級学校の敷地内に幼稚園はある。中学校まで朝鮮学校に通い、筆者と同じ高校に進学した後に、地元の国立大学の薬学部へと進んだ。幼いころから両親に言われていたこともあり、就職差別が存在する日本社会で自立するためには、手に職をつけなければならない、ということを強く意識していた。以前の裕子は、「差別をされるから、自分を固めようとする」ところがあったという。だから、勉強して「偏差値の高い大学」に行ってというふうに努力を積み重ねてきた。メディアで報じられるような在日をめぐるネガティヴなイメージと自分自身が結びつけられることがないように、「鎧をつける感じ」で生きてきた。

大学卒業後は、岡山市内の薬局に一年勤めた後に、大手の医療機器メーカーに転職する。岡山支店に勤務していたが、二〇〇七年に転勤となりそれ以降は東京で働いている。二〇〇九年には、同じ会社に勤めている男性と結婚した。たんなる同僚のころには自分が在日だということは伝えていなかったが、交際することになってから、「実はというと……」在日であるということを彼に伝えた。彼からは「それは関係ない」という言葉が返ってきた。彼の母親はすでに亡くなっており、義理の父親と姉も特に反対意見を表明するわけではなく「あっそう」という感じだった。彼女が「民団に出入り」し、韓国へ旅行に行くといっても、「自分は興味がないけれど行けば」といった具合だ。また、彼女が在日であることをあえて周りに伝えることもない。でも、彼女はそのことについて不快に感じたことはない。「そもそも、自分の学歴とか、そういうことを人にいう性格でもない」から、一連の振る舞いはごく自然なことなのだと受け止めている。

夫とは海外旅行に頻繁に出かける。二人の共通の趣味であるスキューバーダイビングのために、パラオ、バリ、モルディヴ等々のリゾート地へ出かけることが多い。「〔夫が〕寒いところの旅行は惹かれない」ということで、一緒に韓国へ旅行したことはない。夫の仕事が多忙なこともあり、この三月末には一人で本籍地に出かけてみることにした。本籍地には何もなかったけれど、「まあ、行って良かったという感じ」。お墓を探そうと思ったけれど、その痕跡を見つけることは叶わなかった。

それでも、在日に関連した話に興味を示さない夫に対して、「例えばこの芸能人は在日なんだよ」と伝えてみることがある。できるだけ「素敵な人」や「えっと言わせる人」のことを伝えるように工夫している。「クリスタル・ケイとか秋山〔総合格闘家〕」の話題に言及しても、「ふ～ん」って返事するだけで、「あまり興味はない」という。夫に「在日とは何か」と問うと「日本人なのか韓国人なのかわからない」「やっぱり自分には理解できない」という答えが返ってくる。それでも、夫が話に乗ってこないということに対して不満があるわけではない。

彼女自身は日本人と結婚しても「在日という感覚は変わらない」。でも、子供のことを考えると、子供ができる前に日本国籍を取得した方が良いと考えている。ただし、「今のところはきっかけと必要性がなくてやっていない」。自分自身に「韓国人らしさとかはあんまりないし」、「韓国人ですとは言い難いというのがあるかもしれない」という。ただし昔の彼女の考え方はまったく違うものだった。かつて日本国籍を取得していた在日の男性とお見合いをしたことがある。その際には「帰化する人はどうして帰化するのかわからない」と感じていた。時が過ぎるなかでさまざまな関係性が生じ、そのなかで帰属意識や世界観というものは変容していく。

メディアを通じた在特会に代表されるようなヘイト・スピーチや排外主義が社会現象となって考えさせられることがある。「自分は在日ですと言い辛い」状況だが、在日である自分もまた加害者になることがあるのだと考えるようになったというのだ。たとえば、メディアで報道されているような「中国の食の安全」に関しては「強い危機感を抱いている」けれども、今年入社してきた同僚は父親が日本人で母親は中国人だ。だから、「中国は危険だよって」言ってしまうと、「その子は傷つくんだろうな」というふうに想像する。彼女自身は、ヘイト・スピーチや排外主義が彼女にもたらした経験がなぜ中国人の母親をもつ同僚に対する想像力へと導かれたのかは明言しなかった。だけれどもまさに彼女の発想そのものが、現代社会における差別や排除をめぐる交錯した状況のなかで編み出されたものであり、差別者／被差別者をめぐる関係の重層性を示しているといえる。自分のなかで在日という出自について「考えるピーク」「多感な時期」は過ぎ去り、今思い返せば「中二病が終わった」と笑いながら語る一方で、そこで培った感性や現在も別の問題と結びついて展開している自らの出自をめぐる経験は、非常に複雑に入り組みつつも、排外主義に対抗することへと向けた異なるエスニックな背景をもつ人びとに対する多文化的な想像力へとつながっている。

●四・五　「いつか子どもに私が過ごした在日としての三六年間を語らないといけないのね」

岸田明子（一九七四年生 当時韓国籍、二〇一三年に日本国籍取得）と出会ったのは、フィールドワークの追加調査をおこなっていた二〇〇四年のことだった。明子は、地元の公立の小・中・高を経て私立の音大に進学した。卒業後は韓国に四年半滞在し、ソウルにある名門女子大学の大学院で学んだ。筆者が彼女と出会ったのは、ちょうど韓国から帰国したのちに、音楽活動を継続していくなかで仕事や将来を模索していたころであり、民団の青年会の活動に参加するようになったばかりのころだった。彼女の両親は、「就職しなくても良いから」と、在日とのお見合いや青年会での活動に参加する彼女を見守ってくれていた。

三二歳のときだった。以前、韓国語の通訳を依頼されたことがきっかけで知り合いとなった岡山市内の医療系専門学校の常務から、音楽担当の常勤教員にならないかという誘いがあった。就職に内定した際には、両親から日本国籍の取得を勧められたが、彼女に声をかけた常務や理事長たちからは、系列の大学にも在日の教員がいるのだからと言われたこともあり、「今のままの私」で就職することにした。就職先では、「周囲」の人たちには彼女が在日であることを伝えることはなかった。学生を引率して韓国に研修旅行に行った際には、「パスポートを黒皮手帳に入れて色が見えないようにしたり」、「実家の話は避け」たりしていた。この間、彼女が教えた学生には在日の子もいたが、「私も同じ境遇なのよ、お互いがんばろうね……って言いたかったけど、自分の社会的地位がどうなるか怖くて結局言えないまま彼女は卒業してしまった」ということもあった。

　就職して三年目のことだった。二〇年近く慕っている大学時代の恩師に食事に誘われて出かけてみると、現在の夫となる男性を紹介された。彼は四歳年下で、関西の大学を卒業後に東京での商社勤めを経て、家業の不動産業を継ぐために岡山に戻ってきたばかりだった。交際しはじめて「すぐによぎったのは国籍の違いをいつ、どんなふうに伝えようか」ということだった。「決意して伝えるまで四日ほど迷った」。「それで駄目になるならそれまでの関係だ〜と思い伝えたら」、「知っている、両親にも伝えた」、「ご両親は何て？」、「それはまったく問題ない。それよりそちらの両親が日本人である僕を受け入れてくれるかな」というやりとりを経て、結婚を決めた。その背景としては、義理の両親は過去に結婚を反対されたことがあること。だから、子供たちが選ぶ相手に何も異存はないこと。仕事上で在日とのつきあいもあり好印象をもっていることなどを「細かく話してくれた」。

　一方で、彼女自身の両親には、「相手が在日であろうと日本人であろうと嫁ぐということの原点で、日本人と一緒になるならば、これからすべてのことにおいて日本人としてこなしていくことを最後に教えられた」。結婚してすぐに出産した。その後まもなく日本国籍を取得した。そのため、戸籍上は彼女よりも子供が先に記載された。「子供には隠すつもりはないけど」、いつかは戸籍謄本を見た子供が不思議に思う日もくるだろうと予感する。「いつか子どもに私が過ごした在日としての三六年間を語らないといけないのね」と将来を見据える。

　周囲には彼女が在日であること／あったことを伝えてはない。夫が個人で会社を経営していて、彼女の職場とも仕事上の関係が深いということもある。つい先日のこと。彼女の従姉妹の夫の弟が、彼女の夫の友達の姉と結婚することになった。「とっさに主人にあまり言うと私の素性がばれてしまうから言わないで」と伝えた。その後、夫の両親は、「そんな思いをもってこれからの人生過ごすのはとても辛いことではないか、いいと思って嫁に来てくれたのだからそんなふうに思わないで堂々と言えばいい」と言われたときには思わず泣いてしまった。「主人も義両親も私を韓国人と思ってくれて」いる。海外へ旅行などで出かけることも多い。「多文化共生の先駆者かもよ」と彼女は述べる。筆者の彼女の聞き取りの依頼を伝えられた夫が、「〔筆者が〕在日と結婚していればこの意識が問題なのかどうかわかることなのに」とぼやいていたように、彼女の日本人との結婚、日本国籍の取得、子供の出産や将来のこと、そして在日である彼女を受け入れている義理の両親や夫との関係性をイデオロギーで分析することは困難だ。義理の両親の個人的な経験や思い、そのような価値観に育まれた夫、そして在日として生きることを尊重してくれる新たな家族たちとの共に生きる関係性のなかで選択した日本国籍の取得。さらには、これら現在の家族内の共生の領域に加わっていく子供の存在。彼女のジェンダーやエスニシティといった要素のみならず、義理の両親の過去や個別の経験といった、非常に複雑に入り組んだ関係性や価値観が交錯するなかで、共に生きる実践は遂行されていく。彼女の口からは（あるいは社会的に）具体的な名前で語られない、義理の両親の過去や個別の経験こそが、在日としての明子の多文化的実践と歴史的に結びついているのだということを確認できるともいえる。このような身近な世界における多文化社会を支え合う協働の関係性を軸として、多文化的実践というものが無数の人びとの日々の関係性の歴史へと開かれていることを想像することができるのだ。

五　まとめ――共に生きる領域における多文化的実践の展開

本章で紹介したように、筆者が一〇年以上前に参与観察や聞き取り調査をおこなった在日たちが語る自己像は大きく変化していた。彼／彼女らはもう「若者」ではないし、すべての問題を在日というエスニシティに還元して説明することもできない。同じ地域に住んでいるわけでもないし、仕事も変えている。日本人と結婚して、子どももできた。かつて民族的な誇りを強い口調で語ってくれた秀一さんは、日本国籍を取得した。明子も子供ができたのをきっかけとして日本国籍を取得した。浩一も来年くらいには日本国籍を取得したいと考えている。かつて在日としての思いや帰属意識について語ってくれた彼／彼女らが日本国籍を取得した、しようとしているということは驚きだった。

ただし、かつてのアイデンティティ政治における戦略的本質主義の観点から彼／彼女らを日本社会への「同化」であると結論づけるのは早急だろう。もちろん、彼／彼女らの選択肢がきわめて限定されていて、ゆえに日本国籍を取得することに日本社会の同化や同調の力学が働いていることは間違いない。ただしそれを敵対的な同化＝「裏切り」を意味するものであるとして捉えてしまうと、彼／彼女らの日常的な多文化的実践が捨象されてしまうのみでなく、日本社会における同化の圧力をめぐる複雑に入り組んだ力学をも見過ごしてしまうことになるだろう。

むしろ本書で試みられている「交錯」という視点を導入して考察を深めていくと、「個人」としてではなく、彼／彼女らが身近な世界における「他者」とともに生きるなかで紡がれる言葉の意味の厚みというものが感じられるようになる。浩一のように、子供は日本人として育てるといっても、在日というルーツを隠すというつもりはまったくない。彼の語り口から遠く離れてよく考えてみると、そもそもこの二つの発想は相当に矛盾しているものだ。なぜならば、日本人として育てるのならば、在日というルーツは徹底的に隠さなければならないからだ。ゆえに、この隠さないという選択によって二つのルーツをもつ子供の将来における意志が担保されているといえるだろう。一見消極的なこのような選択こそが、新たな家族との日々の小さな出来事の積み重ねによって培われる信頼関係によって支えられているのだ。

このように解釈すると、日本国籍を取得した秀一さんや明子の場合においても、エスニックなルーツを隠蔽するというようなことが選択されていないことがわかるだろう。むしろ、韓国料理やテレビドラマなどの異文化への関心の深まり、在日のスポーツ選手や芸能人といった文化の伝達、在日からみた歴史認識をめぐる問題意識や知見といったものが、日々の生活のなかにおいて文化的資源として活用されていることが伺える。それに対して日本人のパートナーたちが必ずしも「優等生的」なリアクションを演じるわけではない。もちろん摩擦や葛藤というものも生じている。ただしそのような、何気ない対話や衝突といった多文化的な実践の積み重ねこそが日常的な水準で日本社会の多文化化を進める営みとなっているのである。

裕子もまた日本人と結婚して自分自身は在日であるという感覚は変わらないけれど、子供ができたら日本国籍を取得したいと述べた。もう一方で、ヘイト・スピーチに代表されるような在日への排外主義が高まっているなかで、在日である自分と向き合うことは、多文化的な想像力へと展開していた。自分は在日であることを伝えることが難しくなっていると感じているが、まさにそのような立場であるからこそ、自分もまた加害者の立場になることが有り得るという交錯する排除と包摂の実態に気づくようになった。

昌浩が少し不安に思っているように、彼／彼女らの子供たちが将来どのような選択をするのかは誰にもわからない。そしてまた、それぞれの家族や知人といった親密な関係性において育まれた価値観に基づいた選択により、在日というルーツがどのように語られていくのか、引き継がれていくのかにはそれぞれのカタチというものがあるだろう。このような観点からすれば、まさに秀一さんが述べた意味において「在日は消えない」。統計的な観点からは決して把握することのできない日常的実践を通じた多文化社会化の進展はより深まっていると考えるべきなのだ。むしろ、本章で試みたように多文化的実践という観点から考察してみると、在日や他の外国人住民と日本人との関係性はより深まっているのが紛れもない歴史的事実であり、在日をめぐる多文化的な想像力はより広く人口に膾炙しているのである。このような地味かもしれないが複雑に交錯する日常的な多文化的実践をめぐる協働について想像する力が何よりも求められている。

＊本章に登場する人物名はすべて仮名である。なお、敬称に関しては筆者が実際に使用しているかたちで明記した。

【引用・参考文献】

上野千鶴子（一九九六）「複合差別論」井上　俊・鄭暎惠［編］『差別と共生の社会学』（二〇三‐三二頁）、岩波書店
川端浩平（二〇一三）『ジモトを歩く―身近な世界のエスノグラフィ』御茶の水書房

川端浩平（二〇一四）「〈ダブル〉がイシュー化する境界域―異なるルーツが交錯する在日コリアンの語りから」岩渕功一［編著］『「ハーフ」とは誰か―人種混淆・メディア表象・交渉実践』（二二一―四二頁）、青弓社
在日コリアンの子どもたちに対する嫌がらせを許さない若手弁護士の会［編］（二〇〇三）『在日コリアンの子どもたちに対する嫌がらせ実態調査報告集』
坂中英徳（一九九九）『在日韓国・朝鮮人政策論の展開』日本加除出版
朴 君愛（二〇一四）「在日コリアン女性への差別とエンパワメント―ミドル・エイジの当事者の語りを通して見えたもの」『女性学研究』二一、一―三一
韓 東賢（二〇〇六）『チマ・チョゴリ征服の民族誌―その誕生と朝鮮学校の女性たち』双風舎
和田春樹・高崎宗司［編著］（二〇〇三）『北朝鮮本をどう読むか』明石書店

第二部　言説と実践

第三章　メイクアップされるブラジル人女性の生活世界

渡会　環

一　はじめに——ブラジル人コミュニティと「メイクアップ・アーティスト」

二〇一三年五月四日、ブラジル人男性がプロモーターを務めるミスコンテストが愛知県刈谷市で開催された。ミスコンテストはそれまでブラジル人コミュニティの中でも集客力の高いイベントであったが、この日ミスの栄冠を目指して出場した女性は一五人であった[1]。二〇〇八年のリーマンショック以降ブラジルへの帰国者が増えたことにより、コンテストの開催にあたっては出場者以外にも来場者をどう確保するかが課題となっている。

閑古鳥が鳴く会場で目についたのが、舞台下に一列に並び望遠レンズのついた一眼レフカメラを構えているカメラマンたちである。また、舞台裏では、出場者数を上回るメイクアップ・アーティストたちが慌ただしく出場者に化粧を施していた。この裏方といえるメイクアップ・アーティストたちはコンテストが始まるとプロモーターによって舞台にあげられ、来場者に紹介されるとともに、「参加証

（certificado）」が手渡された。

カメラマンとメイクアップ・アーティストからは、別のミスコンテストでも“fotógrafo”“maquiadora profissional”とそれぞれの専門がポルトガル語で書かれた名刺をもらうことがあった。筆者にとって、名刺とはその人の生計を成り立たせている職業が書かれたものという理解であった。しかしながら、調査を進めるにつれ知ったのは、彼／彼女らは平日には非熟練労働者として派遣先の工場に勤めており、週末にこうしたイベントに参加しているということだった。さらに、技術を習得して非熟練労働者としての現状から抜け出すことを謳った講座がブラジル人コミュニティ内で盛況で、特にカメラは男性の間で、メイクアップは女性の間で人気が高く、ますます多くの「カメラマン」と「メイクアップ・アーティスト」が誕生しているということであった。[2]

講座を受けること、言い換えると、それまでとは異なる自分の姿を求めることは、短・中期間での労

［1］コミュニティのミスコンテストには女性だけでなく男性と子どもも出場するのが一般的である。刈谷市のコンテストでは既婚女性が参加するカテゴリー、ラテンアメリカでもブラジル以外の国の国籍をもつ女性が参加するカテゴリーも設けられ、出場者を増やすためのプロモーターの工夫が感じられた。なお、ミスコンテストがコミュニティ内で有してきた意味については（渡会二〇一二）で扱っている。

［2］コミュニティ内での名刺交換および講座の盛況について、二〇一三年四月二八日に国立民族学博物館にて開催された研究会でイシが次のように述べている。イシによれば、名刺交換が生じたのは一九九〇年代後半である。予定していた短・中期間でのデカセギ計画の実現が困難となったこの時期に、ブラジルで培った技術を活かして週末に仕事を請け負う者が増えた。二〇〇〇年代に入ると、脱工場労働を目指して、コミュニティが提供する講座を受講したり講演会に参加したりする動きが強まったという。共同研究（若手）「帰還移民の比較民族誌的研究─帰還・故郷をめぐる概念と生活世界」第四回研究会での議論および配布資料参照。

働を目的に来日した「デカセギ」[3]のブラジル人にとってどのような意味を有しているのだろうか。本章では、メイクアップ講座の受講者に着目し、日本と母国の階層構造・意識が交錯するなかでの彼女たちの「幻想」を明らかにすることを目的とする。

本章では「幻想」と「消費」を分析概念として用いる。本章では「幻想」を、〈他者〉との関係のなかで主体がその在り方を変えようとする試みが結果として現在の生活にも意味をもたらす過程を分析する概念として用いる。ジジェク（一九九六）は精神分析において「幻想」を、象徴的秩序である〈他者〉によって期待される役割を主体が理解しようとし、そして答えていく一つの方法として捉えている。「他者は私に何を欲するのか、私に何を見るのか、私は他者にとって何なのか」（ジジェク 一九九九：二三）を問う過程において、主体は幻想のなかである欲望を抱くようになる。よって、その欲望は、ジジェクによれば、〈他者〉の欲望にすぎない。幻想という手段を通じて主体は〈他者〉との関係を理解するというジジェクの議論を踏まえると、非熟練労働者という現在の姿から脱却しメイクアップ・アーティストになりたいというブラジル人女性たちの欲望からも、彼女たちを取り巻く〈他者〉である日本およびブラジル社会との関係を捉えることが可能となる。[4]

本研究のブラジル人女性は、後に述べるように、ブラジルの「中間層」的な価値に基づいて生きようとする。そしてブラジルの「中間層」に帰属するという意識をもち続けるためには、化粧品やメイク道具の購入といった「消費」が不可欠である。消費は、昨今のブラジルにおいては階層間の社会移動を図る指標としてまた人びとの階層帰属意識を醸成させるものとしても機能している。本章ではブラジル人女性が日本で行う消費がブラジルでの消費の意味とどう絡み合って彼女たちの階層帰属意識を醸成し、さらには彼女たちの幻想にどのような影響を与えているのかを分析する。[5]

本章は、講座の受講者や講師へのインタビューと講座への参与観察の結果に基づくものである。調査は、愛知県、三重県、岐阜県、静岡県の東海四県を中心に、二〇一二年三月以来断続的におこなっている。この地方で開講された講座やワークショップを参与観察し、講師と受講者に対し半構造化インタビューをおこなった。[6]

本章では次のように論を進める。まず、ブラジル社会における階層構造と人びとの階層帰属意識の特徴をまとめ、その特徴が日本でのブラジル人女性の階層帰属意識の醸成にどのような影響を与えている

[3] 本章で用いる「デカセギ」とは、日本語の「出稼ぎ」ではなく、就労を目的に来日するブラジル人およびその行為を指すポルトガル語の「デカセギ」である。このような意味の「デカセギ」がブラジル社会に定着していく過程およびデカセギ現象に対する見方を国内メディアから分析した調子によると、ブラジルでは二〇〇一年に"decassêgui"がポルトガル語辞書*Houaiss*に新語として収録された（調子 二〇〇六：一二）。なお、表記については同辞書で同意語として挙げられている"decassêgui""dekassêgui""dekasségui"以外にも、"decacegui"なども雑誌や新聞では用いられており、揺れがみられる（調子 二〇〇六：四）。

[4] 本章で取り上げる精神分析の「幻想（fantasy）」概念は、ハージが既に移民研究に取り入れている。ハージはオーストラリアのナショナリストは移民に対しての絶え間ない発言や行為を通じてまさにナショナリストとしての自己を幻想し、そのなかで自分の存在を確立させていくとして、「幻想」はナショナリスト自身の生活＝人生に意味と目的を提供するものと理解した（ハージ 二〇〇三：一三）。これまで日本におけるブラジル人移民に関する研究は、就労や教育を切り口に「こうである」という生活の「実態」を明らかにすることを目的とするものが多かった。本研究でメイクアップ講座の受講者が語る理想の自分の姿やそれを追い求める行為から〈他者〉との関係を考察することで、彼女たちを取り巻く構造を明らかにすることができ、結果としてこれまでの「実態」研究を補うことにもなる。

[5] 日本に住むブラジル人にとっての消費を、イシ（Ishi 2003）はブラジルでの「中間層」への帰属意識を維持させるものとして、岩村（二〇〇八）は来日当初の貯蓄にかかわる達成可能な目標として分析している。

かを指摘する。次に、階層に関わる彼女たちの幻想のなかでメイクアップ・アーティストになるという具体的な欲望を生じさせる要因に着目する。この要因とは、日本のブラジル人コミュニティで展開している美容に関するビジネスである。これらの論考の後、メイクアップ講座への参与観察と受講者へのインタビューの結果を踏まえて、「階層」をはじめとし、「ジェンダー」「人種」「ネイション」といったカテゴリーが講座のなかでどのようにして交錯し、そして彼女たちの欲望をつくりだしているのかを明らかにする。最後に、講座修了後に注目し、学んだことを活かそうとする試みや受講そのものの意味が彼女たちの新しい生き方の模索を助長あるいは妨害しているのかについて考察する。

二　到達目標としての「中間層」——ブラジルの階層構造における「中間層」と「新中間層」

本研究で聞き取りをした女性たちの日本での階層は、非正規かつ非熟練労働者という雇用状況がもたらす社会的また経済的地位によって階層構造のより下方に位置づけられる。しかし、ブラジルでの階層も、帰国後に「取り戻す」[7]べきというほどのものであったとはいいがたい。一九九〇年代初頭のデカセギには大卒者が多かったこともあり、先行研究では母国での比較的高い階層や、確固たる「中間層」への帰属意識が指摘されることが多かった（Ishi 2003 など）。しかしながら、本研究で聞き取りをした女性たちの当初の来日の目的は大学の学費を貯めるといったものも多く、また、最初の来日時期も日本の高校にあたる学業を終えた時点というのが大半であった。田島と山脇（二〇〇三）と深沢（二〇〇七）もデカセギの若年化と出身階層の多様さを強調している。多様化の要因として、すでにブラジルで日系人の階層分化が進んでいたこと、日系人でも中間層ではない層の来日が顕著となっていること（深沢二〇〇七）、一九九〇年の出入国管理及び難民認定法の改定が多様な層の来日をさらに後押ししたこと（田島・山脇二〇〇三）を挙げている。本研究のブラジル人女性にとって、「中間層」はデカセギの成果と自身の努力によって「到達すべき目標」として設定されている。

ブラジルでは一八八八年まで奴隷制度が維持されたことなどもあり、格差が著しい社会が築かれ、階層が異なる住民の生活圏は分断されてきた。ブラジルの応用経済研究所（Instituto de Pesquisa Econômica Aplicada）のデータによれば、ブラジルのジニ係数の値は二〇一四年で〇・五一八と〇・五を超えており、

［6］本章で扱う「メイクアップ講座」は、「プロ・メイクアップ（maquiagem profissional）」とコミュニティ内では呼ばれ他者にメイクを施す技術の習得を目的とするものであり、「セルフ・メイクアップ（auto-maquiagem）」という自身にすることを学ぶことを目的としたものは含まない。だが、参考として、セルフ・メイクアップの三つの講座に受講者として参加し調査をおこなっている。初回のレッスンから最終回まで参与観察したプロ・メイクアップ講座は、愛知県小牧市で二〇一四年六月から七月まで開講されたもの、三重県四日市で同年一〇月から一一月まで開講されたものの二つである。両講座とも同一講師によるものである。なお、六月に開催された講座には筆者も受講者の一人として参加した。この二つの講座をまず参与観察の対象としたのは、講師が東海四県のブラジル人コミュニティで先駆的にメイクアップ講座を開講した者でありすでに六年の講師経験があったためである。両講座では、受講者二二人に対して受講の目的や年齢等の属性を尋ねるアンケートも実施した。ブラジル人だけでなくボリビア人も受講していたため、この数字にはボリビア人女性二人も含まれる。受講者へのインタビューは、講座終了後におこなった。これらの講座外での調査対象者は、筆者が参与観察したセルフ・メイクアップ講座やワークショップで知り合いになった女性に依頼することで、広げていった。インタビューは現在までに、講師も含めて一九人に対しておこなっている。講師にはペルー人女性一人も含まれる。

［7］イシは、注二で言及した研究会で、ブラジル人コミュニティで交換される名刺がもつ意味として、非熟練労働者以外の肩書がもてることで来日によって「失われたミドルクラス的アイデンティティ」を取り戻す効果があると述べている。

ブラジルにおける所得分配の不平等度は依然として高い[8]。

著しい格差が存在するなかで「消費」は上層に限られた行為であったため、ブラジルでは「消費」が階層を判断する基準として機能してきた。労働者党政権が、二〇〇三年の発足以来、格差の是正を目指して低所得者層に対しおこなってきた条件付き現金給付政策は、所得の底上げもさることながら、給付者に対し消費を促すことで生活水準の底上げを図るものであった（Oliven & Pinheiro-Machado 2012: 54–5）。低所得者層の社会への統合が消費によって行われた結果として、この層にとって消費とは社会への包含また社会への帰属意識を満たす手段となり、さらには、消費するという行為自体が真に市民であることの主張となった[9]（Oliven & Pinheiro-Machado 2012: 60）。

この条件付き現金給付政策が功を奏したほか、正規雇用の拡大もあって所得格差が改善し、ブラジルでは中間層が国民の半数に達した（二宮 二〇一四）。新たに構成し直された中間層を二〇〇八年、研究・調査機関「ジェトゥリオ・ヴァルガス財団（Fundação Getúlio Vargas）」は「新中間層（nova classe média）」と呼び、この層に位置づけられる人びとが積極的に消費を行う姿に注目した。ジェトゥリオ・ヴァルガス財団の二〇一一年時点の定義では、一世帯当たり一か月の収入が一七三四レアルから七四七五レアル（当時の為替レートで約八万円から三三万円）の世帯がこの層にあてはまった[10]（二宮 二〇一四）。

この二〇一一年、ブラジルで最も影響力のある週刊誌『ヴェージャ（*Veja*）』はその一二月一四日号で「新中間層はどのような生活を営んでいるのか」という特集を組んでいる。こうした特集が組まれたのには、新中間層の登場にみられる急激な階層構造の変化により、人びとが構造全体を理解しその中のどこに自身や他者が位置づけられるのかを見極めるのに困難を感じていることが関係している。『ヴェージャ』は一週間に及ぶ一家族の密着取材とインターネット上で独自におこなったアンケート調査から、この層の実態を把握しようと試みている。これまで注目されることが多かった消費する姿だけでなく、新中間層の家族構成、階層帰属意識、講座などの受講予定、学歴、外国語学習経験の有無、貯蓄、インターネットの利用法、環境保護に対する意識などについても取り上げている。

新中間層の輪郭を明らかにしようとするなかで、『ヴェージャ』はかつての「中間層」との違いを際立たせてしまっている。特集の冒頭ではM・ウェーバーの「中間層」の定義に触れ、中間層とは「購買力だけでなく、文化を生み出し、社会の価値を創造し、教育に価値を見出し、自らが情報を収集し、進歩を信じ、子どもや孫が自分たちを超えていくように努力する」人びとであるなら、ブラジルでみられるのは「拡大した中間層」ではなくまさに「新中間層」だといっている。『ヴェージャ』は、新しい層のこれまでに営んできた文化的生活、子どもたちがよりよい生活を送るために注いだ努力については認めている。しかしながら、生活の質を高めようとする彼／彼女らの努力は結局目の前の状況の改善にと

[8] ブラジルの応用経済研究所が公式サイトで公開しているデータ〈http://www.ipeadata.gov.br〉（最終閲覧日：二〇一六年七月三〇日）を参照した。

[9] 新たに購買力をつけた層は、それまで中間層以上に限られていた生活圏での存在感を強めている。このことに対する中間層以上の人びとの懸念は、二〇一三年末以降頻発した「ホレジーニョ（rolezinho）」に対して如実に示された。ホレジーニョとは、インターネットを通じて情報を交換した低所得者層の若者が一斉にショッピングセンターを訪れるという現象である。商業施設側にホレジーニョを禁止する法的権利が認められ彼／彼女らの訪問が阻まれると、セグリゲーションの問題として物議を醸した。しかしながら、中間層以上の人びとの間には、棲み分けの肯定、警察の介入といったホレジーニョに対する暴力的な措置を容認する姿勢と低所得者層の若者が自由に行き来する権利の軽視がみられるという（Pinheiro-Machado 2014）。

[10] 二宮（二〇一四）によると、二〇一一年時点で約二億人の人口のうち一億五四七万人が「新中間層」に位置づけられていた。

どまっていると指摘する専門家の分析をのせるなどして、「新中間層」がこれまでの「中間層」のように未来を見通しての行動を実際にとれるかを疑問視している。個人や家族の未来に向けた「投資」ができるか否かが議論されていることは、単なる「消費」に対する否定的な見方がブラジルで生じ始めていることも示している。

ブラジルとは異なり、日本では消費は階層を判断する基準ではなかった。ブラジルから日本へと移動してきた女性たちが大きな変化として感じたのは母国では上の層に限られていた消費が日本では容易になったことだったが、この「消費」は日本では階層区分の基準ではないことも同時に知ることとなる。日本では人びととの階層帰属意識も、収入という経済的地位、職業や学歴という社会的地位だけでなく、親の学歴という世代間での地位の継承も加わりそれらが絡み合うなかで醸成される（数土二〇一〇）。日本とブラジルの階層の判断基準の違いについて、二八歳の女性は次のように述べている[11]。

ブラジルの人が、ブラジルに住んでいる人がね、こっちにきたことない人がみんな思っているのは、こっちの人がお金持ちだと思っている。でも本当に、なんか、デカセギ、働いていると自分でわかるね。それじゃないよね。ここで何年仕事しても、お金持ちにならないね。少しは貯めるけど。お金持ちにはならない。だけど、日系人じゃないような人はわからない。頭に入らない。何でかっていうとね、こっち安いでしょ、車、安いし。あと海外〔旅行〕もできるし。安い。安いけど、給料は足りる。ブラジルは、それは足りないね。例えば新しい車、新品なの買って、そんな簡単じゃないよね、日本みたいに。あと家も、みんな買っているでしょう。ブラジルはそんな簡単じゃないから、みんな〔フェイスブックなどのソーシャルネットワーキングサービスを通じて〕写真みるときは「わーすごい、あの車に乗ってる、お金持ちね」と思われる。

非正規や派遣といった近年の日本の雇用環境は、特に日本人の若者の進路選択に影響を与え、彼／彼女らが職業を通じて地位を達成していくという意味での自己実現を願うことすら困難にさせていると指摘される（大多和・山口 二〇〇七）。日本人の若者と同様の雇用環境下に置かれながらも、日本に住むブラジル人はブラジルの階層構造にも同時に絡みとられているがゆえに、職業さらには消費を通じての自己実現をあきらめてはいない。そして、自己実現を目指す過程で、自己投資も含めた幅広い意味での「消費」は、日本での雇用形態によって低い社会的地位に位置づけられる彼女たちの痛みを多少和らげると同時に、目標とするブラジルの「中間層」に到達しつつあるという意識さえも生じさせていると考えられる。

三　コミュニティにおける美容関連ビジネスの展開

ここまで述べてきたように、ブラジル人女性にとって国際移動はブラジルと日本との階層構造の違いを認識する機会となった。ここで、一つの疑問がわく。階層をめぐる彼女たちの幻想のなかで今なぜメ

[11] 二〇一四年一二月九日におこなったインタビューによる。

イクアップ・アーティストになるという具体的な欲望が現れているのか、という点である。ここで、現時点においてメイクアップ・アーティストになるという具体的な欲望を成り立たせる要因について考えてみたい。その一つを、日本のブラジル人コミュニティでの美容関連ビジネスに求めることができる。このビジネスは、日本およびブラジルの化粧品メーカーの経営戦略と絡み合い、さらには国際市場を牽引する欧米の化粧品メーカーの影響力の下で展開してきた。今後のビジネス展開によっては、彼女たちの欲望の対象は次々と変わる可能性がある。だが、ジジェク（一九九九）によると、それぞれの欲望には最低限の形式的一貫性がある。欲望に一貫性を与える形式的な枠組みを、ジジェクはラカンに依拠して、欲望の原因としての「対象a」と呼び、対象aは欲望の根源的な対象＝原因と捉える（ジジェク一九九九：六九-七〇）。ブラジル人女性にとっての対象aは、メイクアップ・アーティストという具体的な対象を欲望させる原因、つまり、ブラジルの中間層である。これについては本章の「おわりに」でより詳細に考察する。

既に指摘したように、ブラジルから日本への移動はブラジル人女性の消費を変化させたが、消費の対象には化粧品も含まれていた。たとえば、ブラジル国内で広く消費されている米国化粧品メーカーのエイボン（Avon）のカタログを日本で初めて見たときのことを、このメーカーの商品の販売にかつて携わっていた女性は次のように語っている[12]。

ブラジル人はブラジルでエイボンを知っているのよ。ものすごく知られているの。ブラジルでは女性たちの間でよくカタログがまわされるの。日本にきたとき、彼女たちはカタログをみてブラジルと同じと思ったのよ。彼女たちに馴染みがあったから、かなり売れたわ。〔エイボンをブラジルでも購入していたか、との質問に対して〕買ったことはあったけど、あまり買ってなかったわ、ブラジルでは、なんていうの、お金を得るのが難しいから。だからあまり浪費しないのよね。日本にきて彼女たちがお金を得るのがより簡単になったから、かなりの売り上げだったわ。私が販売していたときには、特に売り上げがあって。

エイボンは、二〇一四年時点でもブラジルの美容・化粧品市場での売り上げに占めるシェアは五番目である。[13] エイボンが占めるシェアの大きさは、一九五九年以来ブラジル国内で生産をしていること、ダイレクトセールスという販売方法によって顧客を着実に広げてきたことに起因する。[14] ブラジルでは一九八〇年代まで国内のメーカーの保護を目的に海外から輸入される化粧品には高い関税がかけられ、ハイパーインフレをはじめとする国内の不安定な経済状況また政情を懸念して海外企業は進出を控えていた

[12] 二〇一五年三月一三日におこなったインタビューによる。
[13] ブラジルの経済専門紙『ヴァロール・エコノミコ（*Valor Econômico*）』の公式サイトでの二〇一四年のトイレタリー・美容市場における各企業のシェアについての記事〈http://www.valor.com.br/empresas/3982222/unilever-passa-natura-e-lidera-mercado〉（最終閲覧日：二〇一六年七月三〇日）を参照した。
[14] ダイレクトセールスのブラジルでの展開や現状についてはブラジルダイレクトセールス企業協会（Associação Brasileira de Empresas Vendas Diretas）の公式サイトでのダイレクトセールスについてのページ〈http://www.abevd.org.br/venda-direta/〉（最終閲覧日：二〇一六年七月三〇日）も参照した。また、ブラジル化粧品・トイレタリー・香水工業会（Associação Brasileira da Indústria de Higiene Pessoal, Perfumaria e Cosméticos）の公式サイト〈https://www.abihpec.org.br/〉（最終閲覧日：二〇一六年七月三〇日）も参照した。

（竹之内 二〇一四：三四）。そのなかで、エイボンはブラジル国内での生産をはじめとして、店舗を構えるのではなく女性販売員が自身の社会関係資本を用いて直接消費者に販売することでより早くそして広大な国土の隅々にまで販売を広げたのである[15]。ダイレクトセールスは、ブラジルの化粧品メーカー最大手であるナトゥーラ・コスメティコス（Natura Cosméticos）も採用していることにみられるように、ブラジル国民には馴染み深い販売方法である[16]。

エイボンの製品が日本のブラジル人コミュニティでも広く消費されるようになったのは、ブラジルでの知名度に加え、日本でダイレクトセールスに携わりコミュニティ内で顧客を増やしたブラジル人女性たちによるところが大きい。コミュニティ内ではこのメーカーのほか日本の化粧品メーカー二社もよく知られているが、同じくダイレクトセールスを採用している企業である。この販売方法が日本のブラジル人コミュニティで展開されると、ブラジル人消費者はブラジル人販売員からポルトガル語で製品の説明を受けられるという利点が加わることとなる。

ダイレクトセールスはさらに、ブラジル人女性たちにとっては副収入源にもなった。販売員になると販売の手数料を得ることができる。二〇〇〇年代初頭にエイボンの製品を販売していた女性は、五か月間で五〇万円を売り上げたこともあるという。販売員になるのに複雑な手続きは何もなかった。エイボンのカタログを日本でも見たことを群馬に住む叔母に話したら、彼女が既に販売員であったことを知る。販売をしてみたいと話すと、二日後にはカタログが届けられた。そのカタログをもって勤務先の工場に行った。最初の一週間で約二〇人から注文をとれた。その後彼女は三年半にわたり、メーカーから定期的に送付されるカタログにパソコンで打ち出したポルトガル語の翻訳文を貼り付け、そのカタログを同じ工場に勤めるブラジル人女性たちに渡し注文を取っていた[17]。

副収入源としてだけでなく、なかには、日本のメーカーが販売員に提供していたメイクアップやエステの研修、店舗やサロンの経営者として育成する研修を活用できたブラジル人女性もいる。本研究でインタビューをした女性の一人はこうしたシステムを利用して、インタビュー時にはオーナーとしてサロンを経営するまでになっていた。さらに、その時点までで、彼女が日本のメーカーの「認定講師」として研修を行い、彼女のグループの傘下においたブラジル人女性は一五〇人を超えていた[18]。彼女と日本のメーカーの出会いはブラジルでであった。一九九〇年代、一人の日系人がこのメーカーの商品をブラジルで販売することを試みた。その人の下で彼女は働いた時期がある。彼女にとっては二回目のデカセギとしての来日となる一九九八年、居住先の群馬県で同メーカーの店舗をみつけ懐かしさのあまり中に入った。彼女のブラジルでの勤務経験を聞き、後日当時の写真を見せられたこともあって、店長の日本人女性は彼女の履歴書を東京の本社へ送った。するとブラジル人女性はメーカーの製品を販売する代行店

[15] *The Wall Street Journal*. April 6th, 2012.
[16] ブラジルの美容・化粧品市場への参入を新たに目指す米企業について取り上げた『ウォール・ストリート・ジャーナル（*The Wall Street Journal*）』二〇一二年四月六日の記事、また、日本の化粧品や日用品の業界の専門誌である『国際商業』二〇〇九年三月号と八月号でもブラジル市場におけるダイレクトセールスの影響力の大きさが指摘されている。『ウォール・ストリート・ジャーナル』によれば、米国の七・七パーセントに対し、二〇〇九年のブラジル美容・化粧品市場に占めるダイレクトセールスの割合は二八・六パーセントであった。
[17] 二〇一五年三月一三日におこなったインタビューによる。
[18] 二〇一三年四月二一日におこなったインタビューと、その際に女性が参考資料としてみせたメーカーの会報、国際交流にかかわる財団法人や研究所から受けた彼女のインタビュー記事による。

の店長として登録されたという。日本のメーカーの研修を受けるには日本語能力が必要となるが、彼女のようにその問題を乗り越えて一人でもブラジル人の販売員や講師が誕生するとその者によるポルトガル語での指導が可能となる。メーカーの名を冠したサロンの経営を続けながらも、インタビュー時に彼女はブラジルの美容業界への就職を目指す人向けの講座を提供する会社もおこし、独自の養成を始めていた。

四　ブラジル人コミュニティのメイクアップ講座の実際

●四・一　メイクアップ講座の開講形態

こうしてブラジル人コミュニティで美容関連ビジネスが展開し、日本の化粧品メーカーに講師として認定されたブラジル人がメイクアップ講座を開講しはじめたなか、ブラジルでメイクアップを学んだことがある者もその経歴を活かして教え始めた。本研究でインタビューした講師の七人のうち四人がブラジルでの経歴をもつ。

愛知県小牧市で二〇一四年六月から二か月にわたり開催されたメイクアップ講座は、ブラジルで美容師であった講師が不定期に開催しているものである。毎週日曜日、一回につき五時間程度、六回のレッスンから構成されていた。週末でも日曜日が選ばれるのは、土曜日だと工場が稼働していることが多く、受講者が都合をつけにくいためである。受講料は講師が独自に作成したテキスト代込みで八万円であった。同講師は二〇一四年一〇月には三重県四日市市でも開講した。愛知県在住の講師の移動の負担を軽減するために、レッスン数は四回に減り、一回につき一〇時間程度と、より集中した形での開講であった。

●四・二　受講者にとってのメイクアップ講座の「魅力」

コミュニティで提供されているメイクアップ講座の受講者には二〇代後半から三〇代が多い[19]。この世代の多くは日本では高校卒業に相当する学業を修めた後に来日しており、一〇数年にわたって日本に住んでいるが日本語に不自由して生活している。しかしながら、帰国の予定も明確には立っていない。なぜなら、日本では働き盛りの世代ではあるが、彼女らの年齢はブラジルで「すべてをゼロからはじめる」[20]には不利に働くと考えているためである。そして、今のうちに何か技術を身につけて帰国後の就職に備えたいという気持ちが、彼女たちをコミュニティでの講座の受講に駆り立てている。

さまざまな職業のなかでも、メイクアップ・アーティストは比較的少ない自己資金で、しかもブラジルで急成長を遂げている美容産業で活躍できると理解されている。必要な道具さえ揃っていれば、帰国

[19] 筆者が参与観察した講座では通常とは異なり、一〇代でも半ばの非常に若い層の受講が多くみられた。二〇一四年一〇月に三重県四日市市で開講したメイクアップ講座の受講者は、一〇代四人、二〇代一人、三〇代四人、五〇代一人であった。同じ講師が二〇一四年六月に愛知県小牧市で開講したメイクアップ講座のほうは一〇代七人、二〇代二人（いずれも男性）、三〇代二人、四〇代一人であった。一〇代の割合が高かった理由は、三重県四日市の講座では母親とともに受講しているあるいは母親が以前受講していたという者が二人いたのと、愛知県小牧市の講座では講師がプロモーターを務めたミスコンテストに出場し景品として講座の受講を与えられた者、講師の娘と同じブラジル人学校に通っていて関心をもった者が受講していたためである。講師の娘は父親のアシスタントとしてほぼ毎回講座にも来ていた。一〇代の受講者もあることは、本章で後に述べる、コミュニティ内でのメイクアップ講座の受講の「手軽さ」を示している。

[20] 二〇一四年五月二二日におこなったインタビューで、当時二八歳であった女性がこのように表現した。

後すぐにサロンや個人宅へ出張したり、自宅で顧客にメイクを施したりできると考えられている。これまではレストランを開くなど母国で起業した者が多かったが、起業の失敗談も伝わる現在、ブラジル人は投資額が大きい起業には慎重になっている。

慎重さをみせる一方で、ブラジルの美容産業の成長を数値で正確に捉えたり専門家による分析を参照したりということは少ない。ブラジルで「美容産業（indústria de beleza）」と一口にいっても、化粧品だけでなくヘアケア用品や美容整形、エステをも含んだ幅広いものである。とはいっても、美容産業の一部である化粧品市場は既に米国、日本に次ぐ世界第三位の規模にまで成長しており[21]、美容整形においてはブラジルの高い技術力が国際的に知られていて、また国内での手術件数も多い[22]。これらはメディア等で広く伝えられている。よって、「ブラジルにおける美容産業の急成長」という語りをゆるぎない事実として受講者は無批判に受け止めてしまう。さらに、受講者の間では「ブラジル人女性は虚栄心が強い」から美への関心が高いという語りも共有されている。そのような関心の高さがブラジルにおける美容産業の成長を後押ししているとの考えもみられる。だが、後で述べるように、美への関心は個人の虚栄心だけでなくブラジルの階層構造によっても強められている。

成長著しい美容業界で働く手段となること以外に、ブラジル人女性にメイクアップ講座の受講を促すのは、この講座が複数の意味で「お手軽」であることである。「元々メイクが好きで」という受講者による語りにみられるように、趣味の延長としての受講がある。趣味を仕事にしたいという意識はむしろ、受講を通じて醸成させられる。そして、メイクアップを学ぶ際の時間的および金銭的な負担は、フェイシャル・エステやボディ・エステといった他の美容関連の講座よりも小さい。エステ関連は、機器の購入も後に必要になってくる。また、ブラジルでは既に大学の学部として設置されている領域のため、エステティシャンとして成功するには学位が不可欠となっている。インタビューをした女性からは、帰国後に大学生になることへの年齢的、金銭的、時間的な不安も語られた[23]。一方、メイクアップ・アーティストには学歴も問われない。こうしたさまざまな「手軽さ」は、以前はあまりメイクに関心がなかった女性の受講も促している。

●四・三　受講を通じて意識される「プロ」としての個

軽い気持ちで受講を始めたとしても、講座では「プロ」であることの心得を徹底的に教えられる。愛知県小牧市および三重県四日市市で提供された講座の初回のレッスンで最初に取り上げられたのはこの心得であった。

講師は開口一番、まず学ぶのは「プロ意識」、続けて「倫理と料金の徴収」と言った。そして、筆者を含め受講者をプロとして扱うと言い、以後プロ同士の会話をしていくと言った。「講師に教えてもらう」と考えていた筆者が受講に対する受け身の姿勢を改めさせられるなか、講師はその「プロ」は仕事に対して適切な報酬を受ける者と定義した。われわれ受講者が以後誰かに化粧を施すときには相手がど

[21] *The Wall Street Journal*. April 6th, 2012.

[22] 国際美容外科学会（International Society of Aesthetic Plastic Surgery）のデータ〈http://www.isaps.org/Media/Default/Current%20News/ISAPS%202013%20Statistic%20Release%20FINAL%20(2).pdf〉（最終閲覧日：二〇一六年七月三〇日）によると、二〇一三年でメスを使うあるいは使わない美容整形が行われた数が多い国のなかで、ブラジルは米国に続き第二位であった。

[23] 二〇一四年五月一一日、二〇一四年一一月九日におこなったインタビューによる。

んなに親しい友人であっても必ず料金を徴収すること、その際は適切な料金を設定すること、と注意した。報酬を受けることが強調された背景については、後ほど述べる。

「プロ」としての話し方についても注意が及んだ。講師は、顧客との会話においてポルトガル語の間違いがあってはならないと言い、メイクアップに関わる動詞がどう誤って活用されることがあるか、メイクアップ関連の単語それぞれに適切な定冠詞はどれかなどと具体例を挙げた。ブラジルではポルトガル語を正しく話しているかでその人の階層がわかる。日常のその他の場と同様に、メイクアップの場での自らの発言や行動も他者に評価されるということを筆者は強く意識させられた。

こうして「プロ」としての個が意識させられる講座では、メイクアップ・アーティスト自身が「名刺(cartão de visita)」であるということも講師によって繰り返し唱えられた。それは一つに、顧客がサービスの質を確認できるよう、化粧を施した自身を顧客に見せる必要があるためである。そして、サービス業に従事していくことになるからこそ、メイクアップ・アーティストは自身の外見に注意を払わなければならないためである。著しい格差が存在してきたブラジルでは人間関係を左右する外見に対する意識がそもそも高いが、国民の六割以上がサービス業に従事するようになった現在、その意識は一層高まっているという[24]。このような社会で生まれ育ってきた受講者には、メイクアップ・アーティスト自身が名刺であるということが現実味をもって受け止められるのである。

以上のことから、メイクアップ・アーティストは顧客にだけでなく、自身にも化粧をすることを学ばなければいけない。化粧をした姿は、講座が終了すると、個人名を冠し、一メイクアップ・アーティストとしてソーシャルネットワーキングサービス上で宣伝されていくことになる。一方で、エイボンの製品をカタログ販売していた女性は、自身に化粧をしたり、その技術を学んだりする必要性も義務もなかったと語っている。販売員はカタログを顧客間でまわしてもらい注文票を受け取るだけで、顧客に直接会う機会もほとんどなかったからであろう。

●四・四　習得するメイクアップ技術の種類

プロとしての心得についてのレクチャーを受けた後、受講者はメイクアップ技術の実技に入る。学ぶ技術は三種類に大別できる。ポルトガル語を直訳すると、日中のメイク、夜のメイク、ブライダル・メイクとなる。つまり、場面別であり、後者二つはいわゆるハレの日のメイクアップということになる。

このハレの日のメイクアップの習得にもっとも時間が費やされる。これには、ブラジルでは女性たちがいつ化粧をするのかということが関係する。インタビューで一人の女性は、ブラジルではスキンケアおよびメイクアップ用品の価格が高いこともあり、接客業に携わる者を除き女性は仕事場でもあまり化粧はせず、入念な化粧はパーティなどのハレの日や週末の外出の際に行うものとして認識されていたと語った。[25] その特別な日のメイク、講座でいう「夜のメイク」と「ブライダル・メイク」はサロンで施してもらうことが多い。よって、このハレの日のメイクアップが、メイクアップ・アーティストが主として受ける仕事なのである。[26]

実技はまず、技術の基本である日常のメイクアップから始まる。ベースとなる肌の下地づくりを学び、

[24] エドモンズ（Edmonds 2010）は、美容整形を切り口にブラジルの対人関係における外見の重要性を述べている。
[25] 二〇一五年二月六日におこなったインタビューによる。

そして茶系のアイシャドーを塗って終わる。こうして完成した「基本」の茶系のアイシャドーの上に鮮やかな色を塗り重ねる形で、ハレの日のメイクアップのレッスンへと移行する。そして講師は、夜のメイクをこれから習得する上で茶系のアイシャドーは選ばないように指示する。レッスンごとに違う鮮やかな色を、受講者は試した。

●四・五　メイクアップ講座と消費

このようなメイクアップ講座を受ける受講者を一枚岩で語ることはできない。ブラジルでの出身地域や階層と結びついた文化資本の違いのほか、帰国時期が決まっているか否かによって講座に期待することも異なってくるためである。にもかかわらず、受講者の間には共通する語りがある。「消費」に関するものである。

講座がすすむにつれ必要な化粧品や道具がわかるようになりまた講師が販売することもあって、受講者は購入を始める。講座内での販売では販売数が限られていたりその場で希望者がとりまとめられたりするため、女性たちは即決を求められる。男性のパートナーや家族に相談することなく、彼女たちは購入するか否かをその場で決める。このことは、女性自身に経済的な管理能力と決定力があることを示している。イシカワ（二〇〇八）は、男女共働きである日本での生活は結果として、ブラジル人女性の経済的また精神的な自立をもたらしたと指摘する。[27] 講座の受講料を払っていたのも、ほとんどが女性たちであった。なお、女性の受講について、男性パートナーには理解がみられた。講座の教室まで送迎をしたり帰宅後の食事を準備したりするなど、より積極的に女性をサポートしている者もいた。女性の方も、男性のパートナーが講座を受けたり好きなものを買ったりしていいと考えていた。そして男性のパートナーが選んだ講座では、カメラが多かった。インタビューをした一五人の女性のなかで、男性パートナーがカメラの講座を受けている・受けたことがあると答えたのは三人であった。インタビューはしていない受講者二人のそれぞれのパートナーが、講座の様子を撮影しに来たこともあった。

ブラジル人女性が日本で得た経済的また精神的な自立は、モノを買うことで確認される。インタビューでは、この自立をブラジルに帰国後は維持できないのではないかという不安を女性たちが抱えていることがわかった。化粧品やメイク道具の購入について尋ねた際、日本では買えるがブラジルでは価格が高いことも加わって日本のようにはいかないと、二国間での消費行動の違いをまず彼女たちは語った。別の調査で二〇代の女性が日本を「中毒（um vício）」と表現したことがあるが[28]、それは日本でのモノの買いやすさを指摘すると同時にブラジルに帰国後はモノを買えない状況になることへの不安をよく示し

[26] 筆者が参与観察した講座では、日本の雑誌にみる「かわいい」「クール」なメイクアップといったような、日常の生活で他者に与える印象の操作に照準を合わせた化粧の仕方については教えられていなかった。また、スキンケアについてもほとんど教えられることがなかった。それは一つに、ブラジルでは日本と比べてスキンケアに対する関心が低いことも関係しているだろう。だが、受講者はしばしば、化粧品にアレルギーのある顧客に対応するときの注意点を講師に尋ねていた。なお、スキンケア製品を含めカテゴリー別にブラジルの個人用衛生用品また化粧品に対する消費者の好みをまとめたレポートを、日本貿易振興機構が公式サイト（https://www.jetro.go.jp/ffile/report/07000904/cosmetics_brazil.pdf）（最終閲覧日：二〇一六年七月三〇日）で公開している。

[27] イシカワは日本に住むブラジル人女性の経済的貢献による家庭内の評価の上昇も指摘している。だがこれは日本の性別による給与差別に起因するところがある。日本では賃金がより高い男性が女性の前に解雇の対象となり、女性が一家の主となる現象が生じている。「経済的貢献」のなかでみづらくされてしまう給与差別の問題について注意する必要がある。

[28] 二〇〇九年八月三〇日におこなったインタビューによる。当時女性は二二歳、日本に住んで六年であった。

ている。モノが買えなくなるということは、人生で初めて家具を揃えてアパートを飾り、車を買い、さらにはマイホームを購入するなどして、二〇歳前後で来日してから今日まで自ら生活を築き上げてきたという彼女たちの自負を崩すことになりかねない。[29]

●四・六　化粧で意識する〈他者〉

購買力の語りを通じて強調される個は、自身にも化粧をすることでさらに強調される。すでに述べたように、メイクアップ・アーティスト自身が「名刺」である。そして、それまで仕事や育児で「自分自身のお手入れを怠っていた」が今は「自分を大切にする」という語りにみられるように、[30]化粧は彼女たちにより個を意識させるものになっている。

しかしながら、彼女たちが個というものを確立させていくなかで意識する重要な他者の視線に、日本人の目というものは欠けている。それを表しているのが、工場では化粧をしないと話した女性が大半であったということである。工場では作業中に汗で化粧が落ちてしまうということが一番の理由として挙げられた。ブラジル人に限らず、日本人の工員も同じ理由で化粧をしていないかもしれない。だが、彼女たちの話を聞き続けていると、化粧が落ちてしまうことで感じられる金銭的な無駄とメイクアップに費やした時間的無駄のほかに、対人的な無駄を感じていることがわかった。電子部品をつくる工場で働いていた女性が、外見に気を使うことが今のブラジルではいかなる対人関係でも重要であると述べた心理学者の話を持ち出し、また彼女自身の考えとしても仕事に励む女性にとってお洒落をしていることはセラピー効果があり職場で褒められることがあればその人にとってさらにいい効果をもたらすと述べたことがあった。インタビューの冒頭で彼女は工場では化粧をしないと言っていたのでそのことを確認すると、次のように話した。[31]

多分、私の潜在意識の中で思っていることなんだろうけど、職場の人たちは私が身ぎれいにしていること、化粧していることに値しない、ってこと。〔…〕ＢＢクリームとかマスカラをつけて職場に行っていた時期もあるわよ、でも今は工場での仕事はとても疲れるから、スッピンで行くわ。わかんないけど、私の潜在意識では「あの〔日本人〕上司は私がきれいにしていることに値しないわ！」ってことだと思うのよ。でも自分の講座やお客さんに対応するときはちゃんとする。

インタビューの最中に彼女たちが言う「他の人たち」が誰なのかはあいまいなことが多い。だが、日本人の友人の有無、付き合いがある相手、メイクアップをする顧客はほぼブラジル人に限られていることなどを考慮すると、化粧で意識する「他の人たち」はブラジル人であるといえる。化粧をした顔を見せたい、いいかえると、幻想のなかで抱いている自分を名刺のように差し出したいのは、ブラジル人女性に対してである。また、化粧が「無駄」とならない場は、ブラジル人学校の卒業式、ブラジル人の誕

〔29〕インタビューをした女性たちからしばしばきかれたのは"conquista"というポルトガル語で、直訳すると「征服」や「獲得」となるが、モノ、知識や経験を自らが努力して得たという女性たちの自負を集約している。
〔30〕二〇一四年五月一一日、二〇一四年一二月九日におこなったインタビューによる。
〔31〕二〇一四年五月一一日におこなったインタビューによる。女性は三四歳であった。

生日会、教会でのイベントなどであった。

インタビューではさらに、彼女たちが他のブラジル人女性から自身を差異化していることがみうけられた。何かしらの講座を受けたことがある・ない、がその基準であった。インタビューでは、日本にいる間に何も学ばないブラジル人とは違って自分は将来を見据えて行動しているという語りがよくきかれた。ブラジルへの帰国直前に話をきいた三四歳の女性は、日本でどのような講座を受けたかという質問に答えるなかで、いかに彼女と夫が日本滞在を有意義なものにしたかを次のように語っている。[32]

彼はデザインや組み立てといったことが好きで、ブラジルにいるときから機械関係のことを学んでいたわ。こういった分野が好きなの。彼と同じことを私もする、〔彼は〕私にとってもいい刺激だったの。日本滞在を活かすってこと。工場だけ、お金を稼ぐだけ、工場だけじゃなくって、新しいことを学ぶとか、何か専門的なことを身につけようとするとか。多くの日系人みたいに、稼ぐためにだけ、こっちに来たっていう〔人が多い〕。こっちに来て工場で働いて、ブラジルに戻る。ただお金を貯めるだけでなくて、ここにある機会を活かして何か専門的なものを身につけないと。ここでは〔生活費の〕支払いをするのも簡単なのに。

メイクアップ講座の場合、受講の成果は他人にそして自分に化粧をすることでわかりやすく示すことができる。ブラジル社会の階層構造の変化のなかで生じた単なる「消費」への否定的な見方はこのように、日本のブラジル人コミュニティ内での講座ブームにも影響を与えている。

その彼女たちが「日本人」を強く意識するときは、日常生活のなかでではなく、調査者である筆者と接するとき、また日本人とブラジル人のメイクアップの好みが比較されたり、筆者の調査目的が講師によって説明されたりするときである。筆者が講師や彼女たちのメイクアップの練習台となったとき、アイシャドーの塗幅を決定づける目のくぼみが比較的浅いために、「日本人」という「人種」が意識された。アイメイクはハレの日と日常のメイクの違いを決定づけるもので、また講座のなかでもっとも時間を割いて教えられる項目であるため、アイメイクを通じて「人種」の語りは出てきやすい。受講者の大半は多様なエスニックな背景をもっている日系人、あるいは日系人と結婚した非日系人であった。

また、アイメイクに関して「〔アイシャドーの色として〕日本人はパール感が好きだけど強い色を好まないのよね、西洋人とは逆。ブラジル人は緑や青やピンクさえも含めてはっきり見える色のほうが好き」[33]と受講者が語り、「僕たち西洋のメイクを彼女は学びにきた」[34]と講師が筆者の調査目的を説明するときに、「日本人」は「西洋」ではない「東洋」の人で、メイクアップにおいては「遅れている」存在として浮かび上がることさえあった。日本人がメイクアップでは「遅れている」こととなるのは、講座を通じて、この分野で最先端をいく国・地域として言及されるのが米国やヨーロッパ諸国のためである。これらの国・地域のメーカーは国際市場を席巻しており、受講者も好んでそれらのメーカーのブランドを購入し

[32] 二〇一四年五月二二日におこなったインタビューによる。
[33] 二〇一四年五月一一日におこなったインタビューによる。
[34] 二〇一四年六月一日に三重県四日市でおこなった参与観察による。この日はメイクアップ講座の初回であった。講師は調査者である筆者の紹介を講座の冒頭でおこなった。

ている。オリヴェンとピニェイロ＝マシャードは、ブラジル国内において購買力をつけ始めたブラジル人がブランドを消費するという行為を、グローバルな傾向に精通していることを証明してグローバルな社会に生きている一員であると政治的に主張していると捉えている（Oliven & Pinheiro-Machado 2012: 60）。本研究の女性も日本かブラジルかを超えてグローバルな流れのなかで新しい自身の姿を描こうとしている。

五　メイクアップ・アーティストとしての活動の場の模索

講座を修了すると、ブラジル人女性それぞれが自身をメイクアップ・アーティストとして売り出す。売り出す際にはまず、ソーシャルネットワーキングサービスが利用される。個人名を全面に出し、これまでに化粧をしたモデルの写真をのせたり、メイクアップに関連する情報を提供したりする。個人名で活動したり他者から呼ばれたりすることも、ブラジル人女性の現代的なアイデンティティの形成を促すものとなっている。

しかしながら、メイクアップ・アーティストとして生計をたてることはほぼ不可能である。生計をたてられるようになるためにはまず、顧客を増やしたり講座を開いて受講者を募ったりする必要があるが、言語の問題や日本の専門学校や日本人の下で経験を積んでいないために、その範囲もコミュニティ内にとどまらざるをえない。

しかしながら、コミュニティ内に限られる活動は講座を修了した女性たちの生き方の模索を妨げるものとはなっていない。活動は経験の積み重ねになると考えられている。メイクアップ・アーティストとしてミスコンテストの開催をサポートしたという「参加証」はここで、彼女たちにとっては経験の証明書になる[35]。だが、その経験の積み重ねには、報酬がともなわないことさえある[36]。彼女たちはカメラ技術を学ぶ講座にメイクアップ・アーティストとして呼ばれてモデルに化粧を施すことがあるが、自身の作品の記録となるモデルの写真との引き換えに報酬を受けない。写真を記念にもらうモデルも報酬を得ない。このことも、ほぼコミュニティ内で仕事を受けている現状のなかで、ブラジル人女性たちがメイクアップ・アーティストとして生計をたてることを難しくしている。さらに、講座が盛況ということはますます多くのメイクアップ・アーティストが誕生しているということであり、サービス料金をめぐって低価格競争が生じている。インタビューをした女性はみな、コミュニティでメイクアップ・アーティストの数がすでに飽和状態であると感じている。これらの状況があって、講師は受講者に他人に化粧をしたときは料金を徴収すること、適切な料金を設定することを強調していたのである。

報酬がともなわないどころか、さらなる受講へと彼女たちは駆り立てられる。メイクアップ講座修了後は、近接した領域で金銭的にも始めやすいアイブロウデザインをはじめ、眉毛を抜くときに使うエジ

［35］講座の様子を撮影し、それを冊子にして受講者に売るサービスもある。その冊子は講座を受けたことの証明にもなる。撮影するのはコミュニティのカメラマンである。小牧市と四日市の講座に来ていたカメラマンは受講者だけでなく講師の姿も撮影していた。受講者が誰の下で学んだのかを示すために講師の姿を写すことが重要なのだという。

［36］たとえば、二〇一四年五月二一日におこなったインタビューで、「起業しても経験がないから失敗する。自分がそうなるのはいやと、ある女性は語っている。本文でも述べたように、ブラジル帰国後に起業した者たちの失敗談はよく聞く。失敗談を聞いた彼女は、報酬がないとしても日本で多くの人に化粧をし経験を積むことで、彼女自身は失敗を回避できると考えている。

プト式脱毛法、メイクアップとともに整えるヘアースタイリングから、フェイシャル・エステ、ボディ・エステ、といった他の美容関連講座を受講する。これには、ブラジルにおいて、文字通りビューティサロンを意味する"salão de beleza"が美容室、メイクアップ・サロン、エステティック・サロン、ネイル・サロンを兼ね備えた商業施設であることも影響している。これらのいずれの講座も日本のブラジル人コミュニティ内での受講が可能である。インターネットでの情報収集も欠かさない。次々に新しい技術が開発される美容産業の動向についていかなければいけないということがあるが、そうした動向に敏感であることもグローバルな世界で自身が生きていることをアピールする政治的主張なのである。[37]そして、非熟練労働者として工場で作業に従事しているときには感じることがない「好きなことを仕事にする」という語りも加わることで、「工場は日々の支払いを支えメイクアップで得たお金はメイクアップを支える」[38]状態に講座修了生は直面している。

六　おわりに

日本に住むブラジル人女性の間でみられるメイクアップ講座の受講は、日本社会で位置づけられる「非熟練労働者」としてではなく、ブラジル社会の「中間層」の意識をもって生活したいと願うなかで促されていた。講座修了後にメイクアップ・アーティストを生業にできた・できないにかかわらず、受講者の間では、化粧品やメイク道具の消費、講座の受講による自己投資という消費によって、ブラジル社会の基準である中間層意識が醸成されていた。なぜなら、格差の激しいブラジルにおいてこれまで、消費という行為が階層を区分する主たる基準であったからである。日本で消費をすることは、消費で測られるブラジル基準の中間層への帰属意識を醸成することとなった。

ブラジルとは異なり、日本で消費は社会移動を示す重要な指標ではないため、社会的地位や経済的地位からブラジル人女性は下層に位置づけられる。それでも、非正規かつ非熟練労働者として工場に勤めていれば定期的に賃金が支払われるため、彼女たちは劣悪な雇用環境でもそれを消費によって築いてきた自身の生活世界を支えるものとして許容してしまっている。

消費ができることは男性パートナーから一定の経済的かつ精神的自立を得たことも感じさせ、欧米を中心として展開するメイクアップのトレンドに熟知し関連商品を購入することは自身が国際的であるという意識を強めるものでもあった。

国際性は、彼女たちの欲望の原因、すなわち対象aの「ブラジルの中間層」のあり方に関わる。対象aそのものにも「中間層」とブラジルをはじめとする複数の「ネイション」が交錯する。彼女たちを取り巻く〈他者〉であるブラジルそして日本もまた、グローバル化において他のネイションとの力関係のなかで、自身の国際的な姿を描こうとしているためである。ブラジルが希求する国際的な姿とその国民像に自己を重ねることが、ブラジル人女性に「自己実現」と理解されていると考えられる。

国際性は特に国際競争力を強化しようとするなかで求められ、ブラジルの場合、国の競争力を示しや

[37] 米国のハリウッドで活躍するブラジル人のメイクアップ・アーティストを招いてのワークショップが静岡県浜松市で開催されたこともある。金、土、日の三日間連続で開かれたワークショップには三三人が申し込んだ。

[38] 二〇一四年五月一一日におこなったインタビューによる。

すいのが、美容産業である。国際市場を席巻する米国やヨーロッパ諸国のメーカーを意識するなかで追い求める国際性であることから、「国際性＝西洋性」ともいえる。

そして、成長の著しさから海外からも注目されるブラジル美容産業に個人的に関わることができれば、個人が自身の国際性を示すことができる。その美容産業への参入手段を得ることを目的としたメイクアップ講座は、現在コミュニティで提供されている。講座の提供、講座料の支払いができるだけの経済的自立といった条件が揃い、国際性を兼ね備えた中間層でありたいと願うブラジル人女性の幻想のなかで今日、メイクアップ・アーティストになるという具体的な欲望が抱かれているのである。また、ブラジル人の間では、日本人と同様、個人の国際性は外国語、特に英語の習得を通じても得られると考えられている。『ヴェージャ』の新中間層の実態調査では外国語学習歴を尋ねていたし、日本のコミュニティで開校されている英会話学校に通って日本にいる間に英語を学び国際性＝西洋性を身につけようとするブラジル人も少なくない。

メイクアップを通じてブラジル人女性受講者たちが意識することとなったよりグローバルな世界は、日本をメイクアップの技術の面で「遅れている」存在にもし、ブラジルを含めた「西洋」とは異なる目鼻立ちをもった「東洋」の日本人からの「人種」的な差異化も引き起こし、結果として非熟練労働者としてまなざす日本に対する自身の「優越感」さえも彼女たちにもたせることとなった。

こうして、ブラジル基準の中間層への帰属意識、経済的・精神的自立、日本という他者に対する優越感を感じるなか、本研究のインフォーマントの間では、デカセギが文字通り示していた「いつか帰国する」という目標を達成しようとする気持ちのほうは薄れてきているようであった。永住するとまでは断言しないものの、家賃を毎月払うよりは得だとしてマイホームを購入したり子弟を日本の公立校に入れたり日本人の顧客を増やそうとしたり、多くが日本での生活の計画を立て始めていた。ブラジル政府が全国民には保障できていない医療および教育サービスが日本では言語の問題を除けば容易であることもまた、ブラジルでは享受できる層としての中間層への帰属意識を醸成するようである[39]。実際に子どもがいる・今後子どもをもつ予定の女性は、通わせるのが公立校であるとしても、日本の教育制度の充実を語り、教育を通じての次世代の社会上昇を期待している。こうして、ブラジルの中間層に属するという意識をもち続けるためには、日本を生活の舞台にしなければいけないという状況が生じている[40]。

しかしながら、その意識の維持がいつまでできるかは不明である。三年、五年あるいは一〇年といったそれぞれの期間での予定をインタビューで尋ねられて「とにかく〔今やっていることを〕続けていく」[41]と一人の女性は答えたが、彼女のこの状況は未来の見通しをたてにくいブラジルの新中間層と同じであ

[39] 二〇一四年五月一一日と二〇一五年二月六日におこなったインタビューによる。公共サービスへのアクセスと充実が国民の希求となっていることは、二〇一四年六月から七月にかけてブラジルで開催されたワールドカップを前に起きたデモの目的がそれらをまさに求めるもので、中間層が中心となってデモを計画したことにもあらわれている。

[40] リーマンショック後は、美容に関する講座は、エスニック・ビジネスの一環としてだけではなく、日本のハローワークによる外国籍住民の職業訓練としても提供されるようになっている。名古屋ではエステの講座を受けることができる。日本での生活が念頭に置かれた職業訓練もまた、彼女たちが日本に残るという選択を後押しするものとなっている。この新たな状況下で問題化してくる、「デカセギ」としてブラジル人をまなざし続ける日本人との関係、日本が認める資格の所有の有無、日本の専門学校で学ぶ際の言語の問題、「美」をめぐってのブラジル人女性による「白人性」のパフォーマンスや「ブラジル性」の売り出し方等については稿を改めて論じたい。

[41] 二〇一四年五月一一日におこなったインタビューによる。

る。つまり、彼女たちが抱く中間層への帰属意識はまさに「幻想にすぎない」のである。

日本で消費をすることとブラジルでの消費の意味の交錯が結果としてブラジル人女性の生活世界の意味を「メイクアップ」、見かけ上には埋め合わされたものにしてしまうことにより、彼女らが日本の雇用環境の変革を求める声をあげることもない。消費の面では社会に包摂されていても、社会的には排除されている。同様の境遇にある日本人との連帯の可能性も低く、ブラジル人と日本人が共に夢を描くことができる日本社会の実現に向けての策さえたてられない。彼女らの幻想を「トランスナショナルな世界の構築」と語ることもまた、日本の外国人施策が内包している問題を一層不問にしてしまう。

【引用・参考文献】

イシ・A（二〇一三）「トランスナショナルなイベントから考える〈在日ブラジル人〉と〈在外ブラジル人〉の生活世界」民博若手共同研究会発表要旨

イシカワ・E・A（二〇〇八）「日本における日系ブラジル人女性―国際移動に伴う変容」『アジア遊学』一一七、二〇-六。

岩村・W・M（二〇〇八）「在日ブラジル人青年と消費社会」『名古屋大学大学院教育発達科学研究科紀要教育科学』五五（一）、八九-九九

大多和直樹・山口　毅（二〇〇七）「進路選択と支援―学校存立構造の現在と教育のアカウンタビリティ」本田由紀［編］『若者の労働と生活世界―彼らはどんな現実を生きているか』（一四九-八四頁）、大月書店

『国際商業』二〇〇九年三月号

『国際商業』二〇〇九年八月号

ジジェク・S／松浦俊輔・小野木明恵［訳］（一九九六）『快楽の転移』青土社

ジジェク・S／松浦俊輔［訳］（一九九七）『幻想の感染』青土社

数土直紀（二〇一〇）『日本人の階層意識』講談社

竹之内玲子（二〇一四）「新興国企業の国際化戦略―ブラジル化粧品メーカーNatura とO Boticário の事例研究」『ビューティビジネスレビュー』三（一）、二五－三六

田島久歳・山脇千賀子（二〇〇三）「デカセギ現象の二〇年をふりかえる―その特徴と研究動向」『ラテンアメリカ・カリブ研究』一〇、一－一〇

二宮康史（二〇一四）「ブラジルを変える「新中間層」」『アジ研・ワールド・トレンド』二二〇（二〇一四年二月号）日本貿易振興機構（ジェトロ）アジア経済研究所、三四－七〈http://www.ide.go.jp/Japanese/Serial/Photoessay/201402.html〉（最終閲覧日：二〇一六年七月三〇日）。

調子千紗（二〇〇六）『ポルトガル語になった「デカセギ（Decasségui）」―ブラジル国内メディア分析によるブラジル社会のデカセギ観変遷の考察』上智大学イベロアメリカ研究所

ハージ・G／保刈 実・塩原良和［訳］（二〇〇三）『ホワイト・ネイション―ネオ・ナショナリズム批判』平凡社

深沢正雪（二〇〇七）「移民化するデカセギたち＝根を張る在日伯人社会《第三回》＝鏡返しの方向性はなぜ＝多様化する伯日系社会」〈http://www.nikkeyshimbun.jp/2007/070829-72colonia.html〉（最終閲覧日：二〇一五年三月一五日）。

渡会 環（二〇一二）「「メスティサ」から「ハーフ」へ―日本への国際移動と日系ブラジル人女性の人種化」『愛知県立大学大学院国際文化研究科論集』一三、二〇九－二二四

Edmonds, A.（2010）. *Pretty modern: Beauty, sex and plastic surgery in Brazil.* Durham and London: Duke University Press.

Ishi, A.（2003）. Searching for Home, Wealth, Pride and "Class": Japanese Brazilians in the "Land of Yen". In J. Lesser（ed.）, *Searching for home abroad: Japanese Brazilians and transnationalism*（pp.75–102）. Duke University Press, Durham and London.

Oliven, R. G., & Pinheiro-Machado, R.（2012）. From "Country of the Future" to "Emergent country": Popular consumption in Brazil. In J. Sinclair, & A. C. Pertierra（eds.）, *Consumer culture in Latin America*（pp.53-65）. New

York: Palgrave Macmillan.
Pinheiro-Machado, R., & Scalco, L. M.（2014）. Rolezinhos: marcas, consumo e segregação no Brasil. *Revista de estudos culturais da USP*, 1,〈http://www.each.usp.br/revistaec/sites/default/files/artigos-em-pdf/05_ed1_ROLEZINHOS-%20MARCAS%2C%20CONSUMO%20E%20SEGREGAC%CC%A7A%CC%83O%20NO%20BRASIL_0.pdf〉（最終閲覧日二〇一六年七月三〇日）
The Wall Street Journal（April 6th, 2012）.
Veja（14 de dezembro de 2011）

【引用・参考ウェブサイト】

日本貿易振興機構（二〇一三）「ブラジルにおける化粧品の輸入制度」〈https://www.jetro.go.jp/jfile/report/07000904/cosmetics_brazil.pdf〉（最終閲覧日：二〇一六年七月三〇日）。
Associação Brasileira de Empresas Vendas Diretas（ブラジルダイレクトセールス企業協会のダイレクトセールスについて）〈http://www.abevd.org.br/venda-direta/〉（最終閲覧日：二〇一六年七月三〇日）。
Associação Brasileira da Indústria de Higiene Pessoal, Perfumaria e Cosméticos（ブラジル化粧品・トイレタリー・香水工業会）〈https://www.abihpec.org.br/〉（最終閲覧日：二〇一六五年七月三〇日）。
Instituto de Pesquisa Econômica Aplicada（応用経済研究所）〈http://www.ipeadata.gov.br〉（最終閲覧日：二〇一六年七月三〇日）。
International Society of Aesthetic Plastic Surgery（2014）. Statistics on Cosmetic Procedures Worldwide〈http://www.isaps.org/Media/Default/Current%20News/ISAPS%202013%20Statistic%20Release%20FINAL%20(2).pdf〉（最終閲覧日：二〇一六年七月三〇日）。
Unilever passa Natura e lidera mercado. Valor Econômico〈http://www.valor.com.br/empresas/3982222/unilever-passa-natura-e-lidera-mercado〉（二〇一四年の衛生・美容市場における各企業のシェアについての記事）（最終閲覧日：二〇一五年四月一三日）。

第四章　日常的実践としてのナショナリズムと人種主義の交錯
――東アジア系市民の経験から

河合優子

一　はじめに

これまで日本社会において、人種主義（racism）は主に国外問題と考えられてきた。たとえば、筆者の授業でも、これは「黒人」や「白人」などいわゆる人種が関わるものであり、あまり身近な問題ではないという意見が学生から出てきたりしていた。しかし、近年、在特会などによる朝鮮半島や中国につながりをもつ東アジア系市民に対する「ヘイトスピーチ」や「ヘイトデモ」「嫌韓・嫌中」というジャンルを形成するまでに至った「ヘイト本」の出版ラッシュなど、公然と行われる人種主義的行為が目立つようになってきたことにより、そうした学生たちも国内問題として人種主義と向き合わざるを得なくなっている。同時に、カウンターデモなどの反人種主義運動も盛り上がりをみせ、かなりの注目と関心を集める一方で、人種主義的行為は一部の人びとが関わる極端な行為とみなされ、人種主義を日本社会の一般的かつ日常的な問題として捉えた議論には発展していない。

このような日本社会における人種主義への見方は、日本の二つの人種概念である「人種」と「民族」[1]、そして批判されつつも依然として根強く残る「単一民族神話」という日本のナショナリズム言説が密接に結びついている（河合二〇一四、Kawai 2015）。加えて、東アジア系市民に対する人種主義的行為の前景化は、近代以降の「日本人とは誰か」という意味の構築における、「重要な他者」としての「西洋」と「アジア」のうち、特に一九九〇年代後半以降、「アジア」の比重が以前よりも高まっていることと無関係ではない（Kawai 2009）。その背景には、日本が一九九〇年代のバブル経済崩壊から「失われた二〇年」を経験する一方で、同じ時期に東アジア諸国が経済的、政治的、文化的にも国際社会で存在感を増してきたことがある。

本章では、マジョリティによる日常的実践としてのナショナリズムと人種主義の交錯を理論的に整理するとともに、それを韓国、台湾、中国につながりのある市民の経験から考察する。特に彼／彼女らに対するナショナリズムと人種主義の交錯に注目することが重要なのは、外国籍市民の数だけをみても過半数が東アジア出身者であるからだけはなく[2]（法務省二〇一四）、東アジア地域が日本の植民地主義および帝国主義の主たる対象であったことから、日本のナショナリズムと人種主義の交錯が東アジア系市民に対してより強く作用することが多いからである。ナショナリズムと人種主義は、植民地主義と帝国主義に深く関わっている。たとえば、カースルズは「多くの人種主義は植民地主義の後遺症の一部である」（Castles 2000: 176）と主張し、デイとトンプソンは「帝国主義と植民地主義の最も根本的な帰結がネイションの構築に対する影響である」（Day & Thompson 2004: 138）と述べている。在特会などによる「ヘイトデモ」や「ヘイト本」が、韓国や中国を主なターゲットにする理由も、過去の植民地支配関係とのつながりを考えることなしには説明できない。

そして、多文化社会の構築は、日本社会におけるマジョリティである「日本人」が、日常の言動におけるナショナリズムと人種主義の交錯に対して意識的になることなくしては不可能である。なぜなら、ナショナリズムも人種主義も、多文化社会構築のための二つの中心的課題である「差異」と「平等」(Hall 2000: 232, Modood 2007: 37–62)、つまり、多様な人びとの差異を認めると同時に平等を追求することを妨げるからである。ナショナリズムはネイションの構成員を「われわれ」として同化することで構成員間の差異を抑圧し、人種主義はネイションの構成員と非構成員の間の差異を誇張することで両者の平等な取扱いを否定する。「単一民族神話」の影響力の強さの裏で、日本社会は常に多様な文化集団が共に生きてきた多文化的空間であった。しかし、現在、多様な差異が本質化されることなく、かつそれを表現することが肯定的に受け止められ、同時に「日本人」と「非日本人」の間の平等を追求するという意味での多文化社会であるとはいいがたい。

ナショナリズムと人種主義の密接な関係は従来から指摘がなされてきたが(バリバール 一九九七a、Balibar 1991. Castles 2000)、この二つは別ものとして議論がなされる、もしくは人種主義はより否定的かつ過剰なイデオロギーとしてナショナリズムとは差異化される傾向がある(バリバール 一九九七a：八五、

[1] 以下、日本の人種概念の場合には「人種」「民族」と記す。
[2] 二〇一四年末で中国、台湾、韓国・朝鮮籍の人々は約五六パーセントを占める(「在留外国人」二一二万一八三一人中一一九万六二〇四人。日本国籍取得者や両親の一方が東アジア系である「ハーフ」「ダブル」の人びとも含めると、東アジアにつながる人びとはそれをかなり上回る。

Balibar, 1991: 47)。必要なのは、ナショナリズムと人種主義を全く異なるものと捉えることでも同一視することでもなく、この二つがいかに交錯し、節合しているのかを丹念にみていくことである。加えて、人びとがこの二つのイデオロギーに基づく行為を繰り返すことにより、「よくあること」としてあまり問題化されなくなってしまっていることも多い（Billig 1995, Essed 1991, 2002）。そして、そのような日常的行為こそが、意識されることなく「日本人」と「非日本人」の境界を固定化し、両者のあいだの不平等な取扱いも、そうであると意識されなくなってしまう。

以下、まず理論的セクションにおいて、（一）ナショナリズムと人種主義の関係、（二）日本の人種概念、（三）日常的実践としてのナショナリズムと人種主義、の三点について論じる。次に、これまでに複数の研究プロジェクトでおこなってきた朝鮮半島、中国、台湾につながる東アジア系市民からの聞き取り調査[3]から具体例を提示し、彼／彼女らが「日本人」の日常における「何気ない」ことばや行為において、ナショナリズムと人種主義の交錯をどのように経験しているのかについて考察する。

二　ナショナリズムと人種主義の理論

●二・一　ナショナリズムと人種主義

ナショナリズム理論において、ネイションを共通の祖先をもつ人びとの集団とみなし、そのような人びとの文化をネイションの軸に据えるエスニック・ナショナリズム（東洋型）、ネイションを個人の政治的集団とみなすシビック・ナショナリズム（西洋型）という二分法がよく使われてきた[4]（Kohn 1965,

Plamenatz 1976, Smith 1991）。個人を軸とするシビック・ナショナリズムに比べ、エスニック・ナショナリズムは「血統」に基づく文化集団を軸とするため、より排他的であるというような比較もなされてきたが、両者の違いはそれほど明確ではない。シビック・ナショナリズムにおいても、マジョリティ文化集団やその文化をより優遇し保護する点では、エスニック・ナショナリズムと同じく排他的である（Kymlicka 2001）。シビック型の典型としてよく取り上げられる米国のナショナリズムにおいても、マジョリティである「白人」そして「西洋文化」がネイションとしての米国を代表するものとして支配的な位置を占めてきた。

近代におけるネイションは、その境界を国家（state）だけでなく、エスニシティや人種の境界とも一致させることに努めてきた。バリバール（一九九七a・b、Balibar 1991）はネイションを具現化するために国民（＝エスニシティ）の創造は不可欠であると主張し、それを「虚構のエスニシティ（fictive ethnicity）」と呼ぶ。「虚構のエスニシティ」の二つの主要素は、言語および〈人種〉[5]概念である（バリバール 一九九七b：一七五）。言語は文字として実際に見ることができ、音として実際に聞くことができ、さ

［3］「新宿のニューカマー韓国人のライフヒストリー記録集の作成」（トヨタ財団　研究助成：助成番号 D09-R-0422：二〇〇九–二〇一一年）でおこなった九人、「ハーフ」当事者インタビュー（二〇一二–二〇一三年）でおこなった二人、「多元化するアイデンティティと「多文化社会・日本」の構想」（日本学術振興会　科学研究費助成：助成番号 24530657：二〇一二–二〇一四年度）でおこなった六人からの聞き取りである。

［4］A・スミスはこの二つを程度の差として捉えている（Smith 1991: 13）。

［5］バリバールの「虚構のエスニシティ」の主要素としての人種は、西洋の人種概念、日本の「人種」概念と区別するため、〈人種〉と表記する。

らに人びとがそれを日常的に使って生活を営むという点において、身近でその存在を実感できる直接的なものである。人びとはナショナルな言語を使ってコミュニケーションを日々繰り返すことで、ネイションの存在を確認する。しかし、「虚構のエスニシティ」の創造にとって言語だけでは不十分である。なぜなら、言語は誰でも学ぶことができ、すなわち誰もがネイションの構成員になる可能性を有するため、「すべての人を「同化し」、しかも何人も拘束しない」（バリバール 一九九七b：一七九）からである。よって「虚構のエスニシティ」は〈人種〉という概念を必要とする。〈人種〉概念の中心は、「諸個人の血統は世代から世代に生物的にして精神的な実体を伝え、それを通じて諸個人を「親族関係」とよばれる時間的共同体のなかに挿入するという観念」（バリバール 一九九七b：一八二）にある。〈人種〉概念はネイションの構成員を「血」のつながった、文化を共有する、代々続いてきた大家族とみなすことで、言語のようにだれもが構成員になれるという可能性を排除する。「虚構のエスニシティ」は、その現在性および開放性（だれでも構成員になれるという意味で）を担保する言語、歴史性・連続性および閉鎖性を担保する〈人種〉の両方を必要とするのである。「虚構のエスニシティ」、つまり、国民を創造することそれ自体がすでにナショナリズムと人種主義の交錯であるといえる。

さらに、バリバールは、ナショナリズムと人種主義の実践と表現には、相互補完性とともにギャップが存在すると主張する（バリバール 一九九七a：九四-八）。そこにはナショナリズムにおける人種主義の異なる二つの役割が関わっている。「超ナショナリズム super-nationalism」としての人種主義は、ネイションの構成員や文化の純粋性を強調し、それにより他のネイションと差異化することでナショナリズムを強化する役割を果たす（バリバール 一九九七a：一〇六-九、Balibar 1991: 59-61）。しかし、「超越ナショナリズム supra-nationalism」としての人種主義において、人種を規定するときに使われてきた皮膚の色、頭蓋骨や目や鼻の形、知的素質などの「人種的特徴」は、ネイションの枠を越えて他のネイションの構成員によっても共有されるため、ナショナリズムを揺さぶり、その弱体化につながってしまう（バリバール 一九九七ａ：一〇九―一一、Balibar 1991: 61-2)。よって「ナショナリズムにたいしてつねに過剰である人種主義は、ナショナリズムの形成につねに不可欠であるのに、ナショナリズムの計画を達成するには依然としてつねに不足している」（バリバール 一九九七ａ：九七―八）のである。

しかし、バリバールの主張する「ギャップ」は、日本のナショナリズムと人種主義においてはより小さいといえる。バリバールの議論の中心である西洋の文脈においては、ネイションの境界だけではなく、その人種的ヒエラルキーの上位に位置づけられる「白人」もしくは「西洋人」やその文化（つまり、「西洋文明」やしばしば普遍的価値観とみなされる「西洋的価値観」）も維持したいという欲求が同時に存在するのかもしれない。しかし、「劣等人種」の一集団に分類される「日本人」にとっては、「黄色人種」や「東洋人」という人種的カテゴリーは維持したいものではない。逆にそこから抜け出し、他のアジア人との差異化を強化し、ネイションと人種の境界を厳密に一致させようとする力のほうがより働くのではないだろうか。

●二・二　「人種」・「民族」概念と「日本人」

日本の二つの人種概念である「人種」「民族」のうち、「虚構のエスニシティ」に特に関わるのが「民族」である。[6]「人種」が主に西洋人種概念に依拠したものであるとすると、「民族」はそれに対する対抗的な概念であるといえる。[7] 福沢諭吉の著作がその一般化に影響力を及ぼしたとされる「人種」は（山室二〇〇〇：五六、Morris-Suzuki 1998: 85）、一九世紀中ごろに西洋人種概念を受容して構築された概念である。よって「人種」概念においては、「日本人」は他のアジア諸国の人びとともに「黄色人種」として、人種的ヒエラルキーの下位に位置づけられてしまう[8]。

それに対し、一八八〇年代後半から九〇年代前半に登場し、一九二〇年ごろ定着したとされている「民族」概念は（安田 一九九二：六六）、「虚構のエスニシティ」の人種概念の中心にある「血統」概念を維持しつつも、西洋人種ヒエラルキーから脱出して自らを上位とする日本版ヒエラルキーをつくり、アジアの植民地化を正当化することを可能にした。「民族」概念の登場と定着は、日清戦争（一八八四-五年）と日露戦争（一九〇四-五年）に勝利し、義務教育の導入、そして「想像の共同体」としてのネイション（アンダーソン 一九九七）にとって重要な「国語」が創出され、新聞が普及する時期と重なる。そして、安田が、「民族」という言葉・観念は、一九世紀末の世界史の中で国民国家の形成を課題とし、国民統合を実現しようとしたとき「発見」された言葉であった」（安田 一九九二：七二）と述べるように、「民族」は「ネイション」と不可分の概念である。

戦前において、「民族」としての「日本人」は、皇室を「宗家」とし天皇を「族父」とする同祖同族的血族集団、つまり「天皇の赤子」であり、互いに「血縁」関係がある一大家族として想像された（安田 一九九二）。これは戦前の天皇制を基礎とする家族国家観と結びついており、それを支えていたのが「日本人」「日本語」「日本文化」を三位一体とする考え方である[9]（酒井 一九九六）。

加えて、ドイツのフォルク概念に影響を受けたとされる「民族」概念は（川田 一九九九）、「風土・歴史・文化に基礎づけられた「伝統」を共有する集団」（安田 一九九二：七二）であった。たとえば、ドイツに留学し、帰国後、「国語」の創出に中心的な役割を果たした上田万年は、日本語を「日本人の精神的血液」（上田 一九六八：一一〇）と呼び、日本の国体の維持に不可欠と主張している。民族としての「日本人」は、互いに「血縁」関係を有するだけでなく、日本語を含めた文化を習得されるものではなく生得的なものとし、「血液」といった生物的要素と同一視することで、人種集団化するのである。このように、「民族」概念には、「虚構のエスニシティ」の人種と言語という二つの主要素が明確に存在している。

日本が植民地を拡大し、一九三〇年代後半から植民地の人びとを労働者や兵士として動員する必要性が高まると、同化政策が強化されていく。しかし、アジアの被植民者を同化しつつ、いかに「日本人」との差異化を継続するかというディレンマに陥ることになる。日本の植民地における同化政策には、日本語の強制、創氏改名、「内鮮結婚」「内台結婚」など朝鮮と台湾の被植民女性と「日本人」男性との間の婚姻奨励などが含まれる。日本政府は、「家族国家」言説を具現化するものとしての戸籍制度を利用し、

[6] 日本の「人種」「民族」概念については拙著（河合 二〇一四、Kawai 2015）で詳細に論じているのでそちらを参照。

[7] 人種概念は歴史的・政治的文脈の影響を受けることから、西洋人種概念そのものも多様である。西洋外との関係では「有色人種」と「白色人種」の差異化・序列化に焦点があてられた一方、西洋内では「白色人種」内の集団もネイション、地域、経済状態などによって差異化・序列化され、別人種とされた（Hannaford 1996）。

[8] 福沢の著作『掌中万国一覧』（一八六九年刊）において、「白皙人種」は「容貌骨格すべて美なり。その精心は聡明にして、文明の極度に達すべきの性あり。これを人種の最とす」とし、「黄色人種」は「鼻短く、眼細く、かつその外眥斜めに上がれり。その性情よく難苦に堪え、勉励事をなすといえども、その才力狭くして、事物の進歩はなはだ遅し」と西洋の人種分類が紹介されている（福沢 一九五九：四六二‐三）。

[9] 「血縁」で結ばれ（「人種」）、天皇を「家父長」（ジェンダー）とする「日本人」というこの言説において、「人種」「ジェンダー」「ネイション」が交錯していることがみてとれる。

植民地と日本列島の戸籍を「外地」と「内地」のものに区別することで、同化政策の下でも被植民者は「日本人」として完全に受け入れられることはなかった（遠藤 二〇〇九）。

戦後の復興期以降、「民族」という語は、戦前の軍国主義的ナショナリズムを想起させるものとして、「大和民族」「日本民族」といった形で「日本人」に対しての使用が避けられるようになり、主に国外の民族紛争やエスニック・マイノリティに使われるようになっていく（尹 一九九四：六一–一四）。一九六〇年代になると「多民族帝国」に代わる国家像として「単一民族国家」が定着していくとともに（小熊 一九九五、一九九八）、「日本人」と「民族」のつながりは「単一民族」という語の中には残るものの、その民族は何民族なのかということが明示されず、「日本人は民族」と聞くと違和感をもってしまうような「名無しの単一民族観」（岡本 二〇一一：八三）が広まっていく。

この「名無しの単一民族観」を人びとの意識に浸透させる役割を果たしたのが、日本人論／日本文化論であるといえる（以下、日本人論とする）。日本の「経済大国化」と「国際化」を背景に、一九七〇–八〇年代に流行した日本人論は、戦前の「民族」概念を取り込みつつ、「日本人」を文化集団として表面上は非政治的な存在として描き出した。この「文化集団としての日本人」は、日本人、日本文化、日本語、日本の風土を不可分とする（Befu 1993: 116）という点では戦前の「民族」概念と重なるが、天皇制など政治的側面を前面に出さないという点では異なる。

日本人論では、日本文化は西洋（特に米国）を主な比較対象として特徴づけられた。日本語は「日本人」のみが完全に習得かつ理解できるものとして、かつて上田万年が「精神的血液」と呼んだように本質化され、個人主義的、平等主義的、言語化を重んじる西洋文化に対し、日本文化は集団主義的、上下関係の重視、言語化よりは「察し」や沈黙を重んじる文化とされた（吉野 一九九二）。このような「文化集団」としての日本人」において、「民族」という語は不在でありつつもその意味は存在し続ける。「日本人」は「民族」であり同時に「民族」ではない存在となり、「日本人」「日本文化」「日本語」の三位一体（酒井 一九九六）を維持しつつも、アジア諸地域での植民地支配と不可分の戦前の「民族としての日本人」の忘却を可能にしたのである。

一九九〇年代に入り「国際化」言説が「グローバル化」言説にシフトするなかで、日本人論のように「日本人」やその文化を特殊化し本質主義的かつ排他的に語る言説は、その枠組みを「対西洋」から「対世界各国」へと拡大していった（岩渕 二〇〇七）。しかし、「単一民族神話」と結びつくこの文化ナショナリズム言説は、アイヌの人びとなどマイノリティからの異議申し立て、外国籍市民人口や「国際結婚」の増加による「ハーフ」「ダブル」の子どもたちの増加などにより揺らぎ始めているにもかかわらず、依然としてその影響力は根強く残っている。そして、冒頭で触れた東アジア系の人びとに対するヘイトスピーチなどの人種主義的行為が示唆するように、二〇〇〇年代に入り「対東アジア」の枠組みの重要度が増していくにつれ、「文化集団」として表面的には脱政治化されていた「日本人」の意味が、より政治的なものへと変化しつつある。

●二・三　「ありふれたナショナリズム」と「日常の人種主義」

ビリッグ（Billig 1995）はナショナリズムを、独立運動や右翼団体の運動だけにみられるものではなく、日々の生活の何気ない風景や行為などに存在するものとして「ありふれたナショナリズム（banal nationalism)」という概念を提唱した。ビリッグはナショナリズムを「ネイションの集合体としての世界をあたりまえ」(Billig 1995: 37) とする考え方と定義している。すでに確立されたネイションにおいてみられる「ありふれたナショナリズム」とは、「日常的に再生産される信念、物事を考えるときの諸前提、習慣、表象、実践の総体」(Billig 1995: 6) をさす。具体例として、道端に何気なく飾られた国旗、硬貨や紙幣に描かれるシンボル (たとえば、百円硬貨の桜、一万円札の福沢諭吉)、天気予報 (たとえば、沖縄を通過する台風は報道されても、同じ台風が中国へ移動すると報道されない)、政治家の演説やメディア報道での前提 (たとえば、「わが国」) などが挙げられる。

一方、オランダと米国の黒人女性の人種差別経験を比較した研究において、エセッド (Essed 1991, 2002) が提唱したのが、「ありふれたナショナリズム」と同様、日常的実践に焦点をあてた「日常の人種主義 (everyday racism)」という概念である。「日常の人種主義」の「日常」とは、「慣れ親しんだ場」であり、「社会で生きていくためのありふれた実践 (言動) が行われる場」(Essed 2002: 205) である。日常では多様な実践が行われるが、それが人種主義的実践となるのは、人種集団間の構造的不平等に関わるときであり、「日常の人種主義」とは、人種的マジョリティ集団にとっては「ふつう」で「あたりまえ」である日々の言動が、人種的マイノリティ集団の排除や序列化につながるプロセスをさす (Essed 1991: 145)。「日常の人種主義」には、「周縁化」「問題化」「抑圧」という三つの互いに絡み合う過程が関わっている (Essed 1991: 180–1, 2002: 207–8)。「周縁化」とは、マイノリティ集団が容認されても社会の正式な構成員として受け入れられていないことであり、具体例として、病院の清掃員が、黒人女性の医者を清掃員、白人男性の患者を医者と間違えることなどが含まれる (Essed 1991: 155)。「問題化」とは、マイノリティ集団やその文化がマジョリティより「劣っている」とみなされることであり、たとえば、白人系オランダ人が黒人系オランダ人に「あなたはオランダ語が大変上手だ」「あなたのオランダ語は少し違う」などと言うことである（Essed 1991: 202）。「抑圧」とは、人種差別経験を深刻な問題として受け止めず、被害者からの異議申立てをしにくくさせることであり、一例として、被害を申し立てるマイノリティを「こだわり過ぎ」「過剰反応」として批判し、人種差別経験を否定することなどが挙げられる（Essed 1991: 173, 207–8）。

「ありふれたナショナリズム」も「日常の人種主義」も「ふつう」で「あたりまえ」とみなされることを問題化するという点では似ているが、それぞれの概念が誰を対象とし、何に着目し説明するのかという点（ナショナリズムもしくは人種主義）においては異なる。ビリッグは、主に表象を中心としたマクロレベルの言説、そしてマジョリティを対象としたマジョリティによる「われわれ」と「他者」とを分けるネイションの境界の線引きに焦点をあてている。一方、エセッドが注目するのは、対人コミュニケーションを中心としたミクロレベルの言動であり、[10] マイノリティを対象としたマジョリティによる序列化、つまり否定的な評価や意味の構築（たとえば、「劣っている」「ふつうでない」など）である。

そして、「ありふれたナショナリズム」も「日常の人種主義」も、ナショナリズムと人種主義のつながりを明確には説明していない。しかし、「人種主義とナショナリズムの結びつきは近代の国民国家の中核」（Castles 2000: 169）であり、さらにナショナリズムや人種主義などのイデオロギーを理解するためには、それが日常で実践される人びとのことばや行為を批判的に読み解くことが不可欠である（Hall

［10］ただしエセッドは、ミクロレベルの言動はメディア表象などのマクロレベルの言説の影響を受けるとしている（Essed 1991: 50–1）「ネイション」が交錯していることがみてとれる。

1985: 99-100)。とすると、ナショナリズムと人種主義を別々に捉えるのではなく、その交錯を日常のコミュニケーションにおいて考察するという作業が必要になる。

三　日常的実践としてのナショナリズムと人種主義の交錯

本節では、バリバールが「虚構のエスニシティ」の主要素として挙げた言語と〈人種〉を軸として、ナショナリズムと人種主義の日常的実践の交錯を、筆者が二〇一〇年から二〇一五年にかけておこなった聞き取り調査から具体例を取り上げて考察する。

●三・一　言　語

（一）「日本語は大丈夫？」

一つめの具体例は、戦前の「民族」概念や日本人論でも強調された「日本語は日本人の言語」という考え方である。在日コリアン三世で二〇代のAさん（女性）は、主に朝鮮学校で教育を受け、数年の社会人経験の後に日本の大学に入学した。日常生活においても本名を使用しているAさんは、バイトを探すときの経験を以下のように語った。

店長と最初に契約を結ぶときとかも、「ビザは大丈夫？」って聞かれたり。外国人登録証があるので大丈夫ですって言っても、「日本語大丈夫？」とか。それを毎回聞かれると、もうちょっとってて思います。だから、逆に自分から言います「日本生まれです」って。

台湾出身で日本国籍を取得している四〇代のBさん（女性）は、幼いときに父親の仕事で来日し、日本で小学校から大学まで教育を受けた。台湾名を使って仕事をしているため、「日本語は大丈夫なの？」と仕事の相手方に聞かれることがよくあったという。そのため、名刺交換をした相手が名前を見て驚いている様子が見てとれると、Bさんは「台湾出身なんですけれども、日本語は大丈夫です」と先回りして言うようにしているという。

「日本語は大丈夫？」という質問は、言語に関するものではあるが、「虚構のエスニシティ」のもう一つの要素である〈人種〉も同時に関わっており、ここにもナショナリズムと人種主義の交錯をみることができる。Aさんはコリア語、Bさんは中国語を話すが、Aさんは日本で生まれ育ち、Bさんも教育の大部分を日本で受けてきており、日本語が最も慣れた言語であるといっていい。AさんもBさんも、日本語の母語話者と変わらない発音で日本語を話しているまさにその場でこの質問が投げかけられたことを考えると、この質問には単に日本語で意思疎通が可能かどうか（＝言語）だけではなく、「日本人」ではないのに日本語が話せるのか（＝〈人種〉）という意味も込められているのではないだろうか。この質問には、エセッドの「日常の人種主義」の三つの過程のうち「問題化」と「周縁化」が関わっている。だれもが日本語を学ぶことはできるが、「日本人」のみが真に習得可能であるとしてAさんやBさんの日本語を「問題化」し、それによって国籍に違いはあっても日本で長年生活しているAさんやBさんを、日本社会の正当な構成員として受け入れておらず、「周縁化」しているのである。

（二）アジア系言語と英語に対する態度の相違

この例につながる別の具体例が、電車などの公共の場でアジア系言語を話している人に向けられる否定的な態度である。二〇代のCさん（女性）は、中国籍の両親のもとに生まれ、Bさんとおなじく幼いときに両親の仕事で来日し、小学校から大学まで日本の学校教育を受けたのちに就職した。現在は、日本国籍を取得して日本式名をもっている。Cさんは、英語を話している場合とは異なり、「電車の中で中国語を話していると、うるさいって思っているんだろうなっていう表情をしている人がいる」と言う。Cさんは母親と中国語を話しているときに、母親が「前の人がすごく迷惑がっているからちょっと移動したほうがいい」と言うこともあるという。台湾出身のBさんも同じような経験をしたことがある。Bさんがまだ幼かったころ、母親と外出するときには「なるべく日本語で話そうとした」そうだ。しかしBさんの母親は日本語があまり流暢ではなかったため、意思疎通が難しく、家に帰ってから再度同じ話をしなくてはならなかった。

アジア系言語を話している人たちへの「日本人」の否定的な態度は、視線のような非言語で表現される場合もあれば、言語化される場合もある。朝鮮語を話しているときに周りの人からじっと見られることは「あたりまえ」であるため、もうあまり意識することもないという在日コリアンのAさんだが、二〇〇二年、北朝鮮による拉致問題に関する報道が頻繁に行われていたときには、「おまえらの学校の誰かを一人必ず殺してやる」というような脅迫電話が、Aさんの通っていた朝鮮学校に日常的にかかってきており、学校から「あまり交通機関で朝鮮語を話さないように」と学校から言われていた。このような日常的な行為が、身体に対する暴力行為にエスカレートした例が、二〇一一年に東京の韓国学校近くの地下鉄駅で三年生の児童が、四〇代の男性会社員に蹴られた事件である。この会社員は「韓国の子たちが電車の中でしゃべるのが嫌で、（韓国学校の）制服を着た子をけった」と供述した。同校では、似たような七件の事例を確認したという。[11]

一方で対照的なのが、西洋系の言語、特に英語に対する好意的な態度である。中国籍の五〇代のDさん（女性）は、二〇年以上前に来日し、日本人男性と結婚している。Dさんは、「電車の中でアメリカ人同士が結構大きな声を出して話しているけれど、日本人が絶対に「やめなさい」とか言わない。中国語を話す人に対しては「やめなさい」って言う人がいる」という。台湾出身のBさんも、英語話者に対しては否定的な視線が向けられることは少ないと述べ、それは「日本人」にとって中国語は「騒々しい」と感じるが、英語は「洗練されて聞こえる」からではないかと言う。Bさんは以下のように語った。

日本社会は、やっぱりずっと欧米のほうが優遇されているイメージがすごく強くあります。中国語に限らず、アジア系の人にはあまりいいイメージをもたないと思うんですよね。どうしても発展途上であったりとか、昔、植民地だったということもあったりして、日本の人にとってあまりいいイメージがないんじゃないかなとは思います。

この日本語、アジア系言語、英語に対する日本社会における捉え方は、日本の二つの人種概念である

[11]「登校中の東京韓国学校児童に暴行、日本人男性」『聯合ニュース』（二〇一一年九月一四日）〈http://japanese.yonhapnews.co.kr/headline/2011/09/14/0200000000AJP20110914003300882.HTML〉（最終閲覧日：二〇一一年九月一五日）。

「人種」と「民族」の両方に関係している。日本語以外の言語に対する否定的な態度は、「日本人」「日本語」「日本文化」の三位一体と結びついた「民族」概念と不可分である「単一民族神話」、つまり日本は日本文化を実践し日本語を話す日本人だけが住む場であるという考え方と結びついている。しかし「民族」概念だけでは、英語はアジア系言語と同じように取り扱われないことが説明できない。これを説明するには、「白人」を頂点に位置づける西洋人種ヒエラルキーに基づいた「人種」概念が必要になる。バリバール（一九九七a、Balibar 1991）の「超ナショナリズム」および「超越ナショナリズム」としての人種主義という概念を日本の人種主義に応用すると、確かに「民族」概念に基づく人種主義は、「超ナショナリズム」つまりナショナリズムを強化する役割を果たす。しかし、「人種」概念に基づく人種主義は、「超越ナショナリズム」ではなく「減（もしくは否）ナショナリズム（de-nationalism）」となり、日本は日本語が話される場である、つまり「日本語中心主義」というナショナリズム原則から英語を除外しなくてはならなくなる。これは日本政府や学校が金銭的および人的資源を日本語（国語）教育よりも英語教育に振り分け、「日本人」自身が英語を日本語より「洗練された」「かっこいい」とみなす傾向があることにもつながっている（Seargeant 2009）。

●三・二　〈人　種〉

（一）日本式名使用へのプレッシャー

「虚構のエスニシティ」のもう一つの要素〈人種〉に関わる例の一つが、日本式名を使うことへのプレッシャーである。二〇代の韓国からの留学生Eさん（女性）がアルバイトをしていた居酒屋では、店側の「名前を見てちょっと違和感をもつお客さんもいるから」という理由で、アルバイトの韓国と中国からの留学生は全員自分の名前ではなく、日本式名を名札に書かなくてはならなかった。話し方などで「日本人」ではないことがわかる場合もあるが、同僚から「日本人なのに韓国で育ったとか、そういうイメージもあるかもしれないからいいんじゃない」と言われたという。しかし、客から「どこの人？」と聞かれ、韓国出身だと告げた時に相手はにこやかだったにもかかわらず、その客が残したサービスに関するアンケートには「何で韓国人が日本人の名前をつけるのか。気持ち悪い」と書かれていたこともあった。

在日コリアンのAさんも会社で働いていたとき、「日本人」の顧客に対しては日本式名を使わなくてはならなかった。Aさんは「外に向けてだから、しょうがないのかなって。たぶん、しょうがない自体がおかしいことなんだろうなとは思っていたんですけど」と述べた。朝鮮学校を卒業後、就職先の会社では日本式名を使っている知り合いや友人もいるという。

在日コリアンとニューカマーコリアンの両親をもつ、二〇代の大学生Fさん（女性）は、日本の学校教育を受けて育った。日常生活において、両親も含め家族全員で日本式名を使っており、Fさんも両親の意向で日本式名を使用してきた。Fさんの両親は、「自分が韓国人だと思っていて、そういう強い意思があるなら、自分の中だけでとどめておいてもアイデンティティは変わらないし、たとえばいじめられるリスクを負うんだったら、別に言わなくてもいいというスタンス」だった。しかしFさん自身は、「韓国人なのに何で韓国名をつかってはいけないの」と「小さいときからすごいそれに違和感を感じていた」という。そのため、Fさんは韓国人であることを学校で明かすこともあり、それを家で両親に告げると、「何でわざわざ言うの？　いじめられるでしょ」と非常に怒られたこともあった。韓国人であることで学校でいじめにあうことはなかったが、日々の何気ない会話のなかで、Fさんを「日本人」だと思っている周りの人たちから、韓国人に対する「無意識に出る本音みたいなもの」を聞かされることはよくあった。そういう場合には、「私は内心でしか怒らないんですよ。マイノリティだから、ここで一人だけ違うよと言っても意味がないので黙っていて……。勝手に一人で怒って、その後にその発言をした子たちに対して悪い感情をもってしまう」という。

Aさんの「しょうがない」ということばに表れているように、日本式名の使用はあまりにも「よくある」のことで、それに対してマイノリティが異議申立てすることをあきらめさせてしまうことも多い。在日コリアンの日本式名使用に関する最近の調査は限られているが、[12]二〇〇〇年におこなった民団の調査では、いつもコリアン名を使用していると答えた人は一三・四パーセントに過ぎず、[13]二〇〇一年に大阪市がおこなった調査ではさらに低い七・九パーセントという結果が出ており、コリアン名が多い（七・五パーセント）という回答を含めても一五・四パーセントである（大阪市二〇〇二）。二〇〇七年の京都市の調査では、地域では二四・三パーセント、職場や学校では二三・二パーセント（京都市二〇〇八）、二〇一四年の川崎市の調査は、子どもの学校での日本式名とエスニック名使用についての質問ではあるが、コリアン名のみという回答は一七パーセントにとどまっている（川崎市二〇一五）。

ただし、問題は日本式名の使用そのものではないことをここで強調しておきたい。たとえば、第二章でも描かれているように、朝鮮半島につながりをもつ人びとは、多様な帰属意識をもち、多様な理由で日本式名を使用している（川端二〇一三）。ここでの問題は、マイノリティの日常的実践ではなく、マジヨリティである「日本人」側の日常的実践、つまりEさんのバイト先での経験のように、日本式名を使うことを依頼したり、もしくはFさんの両親のように、そのような選択をさせる社会的「雰囲気」をつくりだしていることである。

日本式名使用のプレッシャーは、ナショナリズムと人種主義の交錯の日常実践の一例である。見た目では「日本人」と変わらない東アジア系市民の存在を不可視化し、日本は「日本人」という人種／民族だけが住む場であるという「単一民族神話」が現実となるのである。加えて、エセッドの「日常の人種主義」の三つの過程もここにみることができる。日本式名は東アジア系市民の存在を不可視化することで、彼／彼女らを「周縁化」するだけではなく、それが「よくあること」とみなされることで異議申立てを「抑圧」する。日本式名を使用するFさんが韓国籍であることを知らずに、韓国や韓国人に関しての「無意識に出る本音」が出るとき、Fさんは内心で怒るしかない。つまり日本式名が彼／彼女らの存在を不可視化することで、日本における人種主義が不可視化され、認識され批判されることなく見過ごされてしまう。

さらに、日本式名は東アジア系市民を非日本人として「問題化」する。韓国出身の留学生Eさんのバイト先同僚の、日本語の発音が違っていても韓国で生まれ育った「日本人」と思われるかもしれないか

[12]　二〇一三年に民団青年会が、第四次意識調査（本名使用を質問項目に含めている）を実施したが、まだ結果は発表されていない（「同胞青年の意識調査」『民団新聞』（二〇一三年五月二二日）〈http://www.mindan.org/front/newsDetail.php?category=0&newsid=17446.〉（最終閲覧日：二〇一五年一〇月一七日）。

[13]　「帰化必要ないが七割」（二〇〇一年四月四日）『民団新聞』〈http://www.mindan.org/shinbun/010404/topic/topic_h.htm.〉（最終閲覧日：二〇一四年一月二八日）。

ら日本式名を使ったほうがいいという発言が示すのは、日本語を話す韓国人より、韓国生まれの「日本人」のほうがいいという認識である。ここで「虚構のエスニシティ」の二つの主要素のうち主に関わるのは、言語ではなく〈人種〉であり、「日本人」であることのほうが韓国人であることより良いという意識である。加えて、Eさんの客の韓国人が日本式名を使用することは「気持ち悪い」というコメントは、「日本人」とその他のアジア人の間の差異化および序列化の意味が込められた「民族」概念に基づき、「異民族」である韓国人との差異と境界があいまいになることに対する拒否感を表しているといえないだろうか。つまり、日本式名による東アジア系市民の不可視化は、彼／彼女らを同化することで平等につながることを意味するわけではなく、あくまでも表面的にその存在を消し去るだけであり、「日本人」との境界と差異は残り続けるのである。

(二)「国に帰れ」

〈人種〉に関わるもう一つの具体例として、「国に帰れ」ということばがある。大学生のGさん（女性）は、中国出身の母親と「日本人」の父親をもつ。このことばが「一番スタンダードな暴言」というGさんは、いじめられるときだけではなく、冗談としてもこのことばを投げつけられることがよくあったという。「みんなですごく面白がって笑う。どっと笑うので、笑われるとまた傷つくんですよね。冗談というのはもうわかっているんですけど、「国に帰れ」はほんとうに慣れない」と語った。

在日コリアンAさんもこのことばをよく聞かされた。朝鮮学校の制服を着て電車やバスに乗っていると、「ふつう」の中年男性や女性が近づいてきて「おたくの学校はどういう教育をしているのか知らないけど、早く〔国に〕帰りなさいよ」などと言われたことがある。学校近くの駅の周辺では、頻繁にこのことばが朝鮮学校の生徒に投げつけられていたそうだ。しかし、生徒たちも「どんどんタフになっていって、うるさいなみたいな感じで」言い返してケンカになることもよくあったという。Aさんは「やっぱりどうして私たちがここにいるのかっていうのをもっとわかってほしいし、反日のくせにここで暮らすなということばが一番傷つく」と語る。

そして、台湾出身のBさんが就職面接でよく聞かれた質問のなかに、「なぜ日本にいるの？」というものがあり、これは「国に帰れ」の「マイルド」なバージョンであるといえる。ほかにも「外国人なのに日本にずっと住む気があるの？」という面接官もいたという。もちろん面接官は、悪気などなく純粋に疑問に思ってこの質問をしたのだろう。しかし、このような質問の背後にあるのは、「非日本人」が日本に定住もしくは永住していることは「ふつう」のことではないという意識であり、このような質問をされた側は「日本にいてはいけないのか」と疎外感を感じてしまうのではないだろうか。

「国に帰れ」は人種主義とナショナリズムが交錯した日常的実践の一例である。タギエフは、異なる人種が混淆することに対する恐れを「混淆嫌悪 mixophobia」と呼び、それを「ナショナリズムが混ざった人種主義」(Taguieff 1999: 310) と説明している。そして「外国人嫌悪〔ゼノフォビア〕は基本的に混淆嫌悪である。混淆は純粋なものを消滅させるとみられているからだ」(Taguieff 1999: 310) と主張する。「国に帰れ」ということばは、「非日本人」や「ハーフ」や「ダブル」などの「非純粋日本人」を取り除き、日本を「純粋日本人」のための場としたいという欲望を示しているといえる。AさんとGさんは日本で生まれ育ち、さらにこの二人およびBさんにとって日本語が一番話しやすい言語であることからも、この三人は「日本語コミュニティ」のいわば「正会員」といってよい。しかし、「民族」概念に基づいて「非日本人」「非純粋日本人」とみなされる彼女らは、日本に暮らす権利を当然有する存在とはみなされていない。

「国に帰れ」をナショナリズムと人種主義の交錯と捉えることは重要である。このことばに関して、ハージは以下のように主張する。

「国に帰れ」という発言を単なる「レイシズム」とみなすのは反人種差別の常識であるが、望ましくない他者をかれらの「故郷＝祖国」に送り返してしまいたいと望むことは、あきらかにナショナリストの欲望であるはずだ。たとえ「故郷＝祖国に帰って」欲しい人々が人種的にカテゴリー化されているとしてもである。（ハージ 二〇〇三：八〇）

ハージが研究対象とするオーストラリアでは、「国に帰れ」ということばが人種主義的発言とみなされるのは、おそらく非白人系の移民に向けられるからだろう。ハージはこのことばを「レイシストというよりも、まずもってナショナリストの実践として理解すべき」（ハージ 二〇〇三：一四八）と述べ、その理由として「このような実践を「レイシスト」として分類することで、こうした人々があたかも多数派からまったく疎外された少数派の思考様式をもっているかのように」（ハージ 二〇〇三：一四八）捉えられるからであるからとしている。しかし、日本社会の文脈においては、このことばは人種主義的発言というよりナショナリズム的発言とまずはみなされることが多いのではないだろうか。しかしこれが主にナショナリズム的行為とされることで、「非日本人」や「非純粋日本人」に日本から出ていってもらいたいという欲望は、現在の一民族一国家を理想とする国民国家システムに基づく世界においては、「当然」もしくは「正当」とみなされ、人種主義的行為ほど非難されるべきものでもないとされてしまう。日本社会の文脈において必要なのは、この「国に帰れ」ということばを人種主義もしくはナショナリズムのどちらかの問題とするのではなく、両方を交錯したものとして捉え、日本のナショナリズムにおける人種主義の役割を意識化していくことである。

四　日本における多文化社会の構築に向けて

これらの具体例のようなナショナリズムと人種主義が交錯した実践は、日常生活で繰り返され、あまり深刻に受け止められないことも多い。これらが「よくある」ことと自然化されることで、東アジア系市民の言語や存在は「日本人」のそれより下位に位置づけられる、不可視化される、もしくは彼／彼女らが日本社会の正式な構成員ではなく「一時的滞在者」となり、そのような現実がつくりだされ、「単一民族神話」の再生産につながってしまう。一般的に日本社会において、人種主義が重要な国内問題であるという認識をもちにくい理由は、この神話によって日本は「日本人」だけが住む空間となり、よって「人種」「民族」問題が存在しないことにされてしまうからではないだろうか。加えて、先述したように、ナショナリズム（つまりは「民族」主義）は人種主義ほど非難の対象とならず、さらにナショナリズムと交錯することで人種主義の存在が不可視化され、このような実践が問題とされにくくなってしまうこともその理由の一つではないかと思う。

これらの日常的実践は、冒頭で触れた在特会などによる「過激な実践」のように強く非難されることはほとんどないかもしれないが、「日本人」をあたかも人種集団のように捉え、東アジア系市民を序列化および疎外し、それによって彼／彼女らの心を傷つけるという部分では重なり合っている。そして、日常的実践と「過激な実践」は、たとえば、韓国学校の児童を蹴った男性会社員の事件やヘイトデモでも「国に帰れ」ということばが在日コリアンに投げつけられること（中野二〇一四）が示すように、まったくかけ離れたものではなく、方法の違いや程度の差はあるかもしれないが、そこには確かに連続性が存在している。

英国におけるオルタナティブな多文化主義を論じるなかで、ホールはマイノリティの置かれている状況を改善していく方策だけでなく、マジョリティ側の意識を変革し、ネイションのあり方をラディカルな形で想像し直す必要性を主張している（Hall 2000: 232）。日本において多文化社会を構築していくためには、日本社会のマジョリティである「日本人」がナショナリズムと人種主義が交錯した日常的実践に意識的になり、日本は日本人だけが住む場という「単一民族神話」とは異なる形で日本および「日本人」を想像し直すという作業なしには不可能である。「人種」と「民族」が近代日本の思想基軸の一端を担っていたとすれば（山室二〇〇〇：九一一〇）、「白人」を優位に位置づける「人種」概念、「日本人」を人種化しアジア地域の人びととの差異化・序列化を目指した「民族」概念が、現在も依然として「日本人」の意味に及ぼしている影響力を学び捨てる（unlearn）ことが「日本人」の再想像には必要不可欠ではないだろうか。

日本列島は、これまでもそうであったし、そしてこれからも多様な文化背景の人びとが生きていく空間である。歴史的にも日本列島に住んでいた人びとやそこで育まれた文化は、地理的に近い東アジア諸地域の人びとと経済的、政治的、文化的につながり、混じりあってきた。しかし、現在の日本社会において、一般的に西洋との混淆性と比較して、東アジアとの密接な関係と混淆性が積極的に語られ受け止められることは依然として少ない。日本を多文化的空間としてとしてあるがままに捉え、文化的差異が本質化されることなく肯定的に受け止められると同時に平等な権利が認められる多文化社会の構築のためには、東アジアとの正および負の「つながり」、つまり不可視化されがちな多様な交錯を見据えていくことが重要である。

【引用・参考文献】

アンダーソン・B（一九九七）『想像の共同体―ナショナリズムの起源と流行（増補版）』ＮＴＴ出版
岩渕功一（二〇〇七）『文化の対話力―ソフト・パワーとブランド・ナショナリズムを越えて』日本経済新聞出版社
上田万年（一九六八）「国語のため」久松潜一［編］『明治文学全集　第四四巻』（一〇八‐一三〇頁）筑摩書房（原著：一八九四年）
遠藤正敬（二〇〇九）『近代日本の植民地統治における国籍と戸籍―満洲・朝鮮・台湾』明石書店
岡本雅享（二〇一一）「日本人内部の民族意識と概念の混乱」『福岡県立大学人間社会学部紀要』一九（二）、七七‐九八
小熊英二（一九九五）『単一民族神話の起源―「日本人」の自画像の系譜』新曜社
小熊英二（一九九八）『「日本人」の境界―沖縄・アイヌ・台湾・朝鮮植民地支配から復帰運動まで』新曜社
河合優子（二〇一四）「日本における人種・民族概念と「日本人」「混血」「ハーフ」」岩渕功一［編］『「ハーフ」とは誰

か—人種混淆・メディア表象・交渉実践』（二八-五四頁）青弓社
川田順造（一九九九）「「民族」概念についてのメモ」『民族学研究』六三（四）、四五一-六一
川端浩平（二〇一三）『ジモトを歩く—身近な世界のエスノグラフィ』御茶ノ水書房
酒井直樹（一九九六）『死産される日本語・日本人—「日本」の歴史-地政的配置』新曜社
ハージ・G／保苅　実・塩原良和［訳］（二〇〇三）『ホワイト・ネイション—ネオ・ナショナリズム批判』平凡社
バリバール・É（一九九七a）「人種主義とナショナリズム」É・バリバール&I・ウォーラーステイン／若森章孝・岡田光正・須田文明・奥西達也［訳］『人種・国民・階級—揺らぐアイデンティティ』（六七-一二四頁）大村書店
バリバール・É（一九九七b）「国民形態／歴史とイデオロギー」É・バリバール&I・ウォーラーステイン／若森章孝・岡田光正・須田文明・奥西達也［訳］『人種・国民・階級—揺らぐアイデンティティ』（一五七-九四頁）大村書店
福沢諭吉／慶應義塾［編］（一九五九）『福沢諭吉全集二巻』岩波書店
安田　浩（一九九二）「近代日本における「民族」観念の形成」『思想と現代』三一、白石書店、六一-七二
山室信一（二〇〇〇）『思想課題としてのアジア—基軸・連鎖・投企』岩波書店
尹　健次（一九九四）『民族幻想の蹉跌—日本人の自己像』岩波書店
吉野耕作（一九九七）『文化ナショナリズムの社会学—現代日本のアイデンティティの行方』名古屋大学出版会
Balibar, É. (1991). Racism and nationalism. In É. Balibar, & I. Wallerstein, *Race, nation, class: Ambiguous identities* (pp.37–67). London: Verso.
Befu, H. (1993). Nationalism and nihonjinron. In H. Befu (Ed.), *Cultural nationalism in East Asia: Representation and identity* (pp.107–35). Berkeley, CA: Institute of East Asian Studies, University of California at Berkeley.
Billig, M. (1995). *Banal nationalism*. Newbury Park, CA: Sage.
Castles, S. (2000). *Ethnicity and globalization: From migrant worker to transnational citizen*. Thousand Oaks, CA: Sage.
Day, G., & Thompson, A. (2005). *Theorizing nationalism*. New York: Palgrave Macmillan.

Essed, P. (1991). *Understanding everyday racism: An interdisciplinary theory*. Newbury Park, CA: Sage.

Essed, P. (2002). Everyday racism. In P. Essed & D. T. Goldberg (Eds.), *Race critical theories* (pp.176–94). Malden, MA: Blackwell.

Hall, S. (1985). Signification, representation, ideology: Althusser and the post-structuralist debates. *Critical Studies in Media Communication, 2*(2), 91–114.

Hall, S. (2000). Conclusion: The multicultural question. In B. Hesse (Ed.), *Un/Settled Multiculturalisms: Diasporas, entanglements, 'transruptions'* (pp.209–41). London and New York: Zed Books.

Hannaford, I. (1996). *Race: The history of an idea in the West*. Baltimore, MD: Johns Hopkins University Press.

Kawai, Y. (2009). Neoliberalism, nationalism, and intercultural communication: A critical analysis of a Japan's neoliberal nationalism discourse under globalization. *Journal of Intercultural and International Communication, 2*(1), 16–43.

Kawai, Y. (2015). Deracialised race, obscured racism: Japaneseness, Western and Japanese concepts of race, and modalities of racism. *Japanese Studies, 35*(1), 23–47.

Kymlicka, W. (2001). *Politics in the vernacular: Nationalism, multiculturalism and citizenship*. Oxford, UK; New York: Oxford University Press.

Kohn, H. (1965). *Nationalism: Its meaning and history*. Malabar, FL: Krieger.

Modood, T. (2007). *Multiculturalism: A civic idea*. Cambridge, UK; Malden, MA: Polity.

Morris-Suzuki, T. (1998). *Re-inventing Japan: Time, space, nation*. New York: M.E. Sharpe.

Plamenatz, J. (1976). Two types of nationalism. In E. Kamenka (Ed.), *Nationalism: The nature of evolution of an idea* (pp.23–36). London: Edward Arnold.

Seargeant, P. (2009). *The idea of English in Japan: Ideology and the evolution of a global language*. Bristol, UK: Multilingual Matters.

Smith, A. (1991). *National identity*. Reno, NV: University of Nevada Press.

Taguieff, P. A.（1999）. National identity framed in the logics of racialization: Aspects, figures, and problems of differentialist racism. In L. Harris（Ed.）, *Racism*（pp.297–313）. New York: Humanity.

【引用・参考ウェブサイト】


大阪市（二〇一一）「民族名（本名）の使用について」〈http://www.city.osaka.lg.jp/shimin/page/0000004375.html〉（最終閲覧日：二〇一四年一月二八日）。

川崎市（二〇一五）『川崎市外国人市民意識実態調査報告書　第1部』〈http://www.city.kawasaki.jp/250/cmsfiles/contents/0000066/66982/itibu-2.pdf〉（最終閲覧日：二〇一六年七月五日）

京都市（二〇〇七）『京都市外国籍市民意識・実態調査報告書　第4章』〈http://www.city.kyoto.lg.jp/sogo/cmsfiles/contents/0000031/31528/4.pdf〉（最終閲覧日：二〇一六年七月五日）

「帰化必要ないが七割」『民団新聞』（二〇〇一年四月四日）〈http://www.mindan.org/shinbun/010404/topic/topic_h.htm〉（最終閲覧日：二〇一四年一月二八日）。

「登校中の東京韓国学校児童に暴行、日本人男性」『聯合ニュース』（二〇一一年九月一四日）〈http://japanese.yonhapnews.co.kr/headline/2011/09/14/0200000000AJP20110914003300882.HTML〉（最終閲覧日：二〇一一年九月一五日）。

「同胞青年の意識調査」『民団新聞』（二〇一三年五月二二日）〈http://www.mindan.org/front/newsDetail.php?category=0&newsid=17446〉（最終閲覧日：二〇一五年一〇月一七日）。

中野　晃（二〇一四）「「あなたはこの国に必要ない」心えぐるヘイトスピーチ」『朝日新聞』（二〇一四年一二月一一日）〈http://www.asahi.com/articles/ASGD96S4FGD9PTIL03V.html〉（最終閲覧日：二〇一五年一一月八日）。

法務省（二〇一四）「在留外国人統計」〈http://www.e-stat.go.jp/SG1/estat/List.do?lid=000001133760〉（最終閲覧日：二〇一五年一一月八日）

第三部　表象

第五章　大久保の表象に見る文化の交錯／非交錯

田中東子

一　「大久保」はどのような街なのか

新宿区大久保一、二丁目、百人町一、二丁目付近一帯がマルチエスニックタウンであることは広く知られている。道路区分で示すならば、南北を職安通りと大久保通りで区切り、東西は明治通りとJR総武線の線路で区切られた一角になる（図5・1）。なかでも韓国系の店舗と住民の占める割合が高いことから、この一帯は「コリアンタウン」と称されることも多い。

一九七九年（昭和五四年）に新宿区に届けを出している外国籍住民の人口は五四八八人だったのに対して、二〇一五年（平成二七年）一月の調査結果では、およそ六・五倍にあたる三万六〇一六人にまで増加した（東京都総務局人口統計課資料）。また、区内の総人口に対する外国籍住民の占める割合をみると一〇・九パーセントという数字になっている。

日本全体の外国籍住民の人口が二〇一四年（平成二六年）に二〇八万六六〇三人（全人口に占める割合は

一・六パーセント）であり、東京都の外国籍住民の人口が二〇一三年（平成二五年）に四一万八一二四人（都人口に占める割合は三・一パーセント）であるのと比べてわかるように（総務省統計局資料）、この国のなかでもっとも外国籍住民の集住している街の一つとして、新宿区を定位することができるだろう。

大都市のグローバル化は海外でも進んでいるが、東京都の他の地域と新宿区を比較してみると、新宿区では外国籍住民の占める割合は非常に高くなっていることがわかる（表5・1）。

表5・1では、東京二三区の区別外国籍住民の人口を数の多い順に上から一〇区並べ、さらにそれぞれの区ごとの人口に占める外国籍住民の割合を算出し、まとめている。この表から明らかになるのは、新宿区に居住する外国籍住民の数と割合が、都内各所と比べても圧倒的に多いという点である。図5・1で示したエリアに、新宿区内に住む外国籍住民の三七パーセント近くが集まっているという調査結果もある（『毎日新聞』二〇一〇年五月一九日：二）。また、外

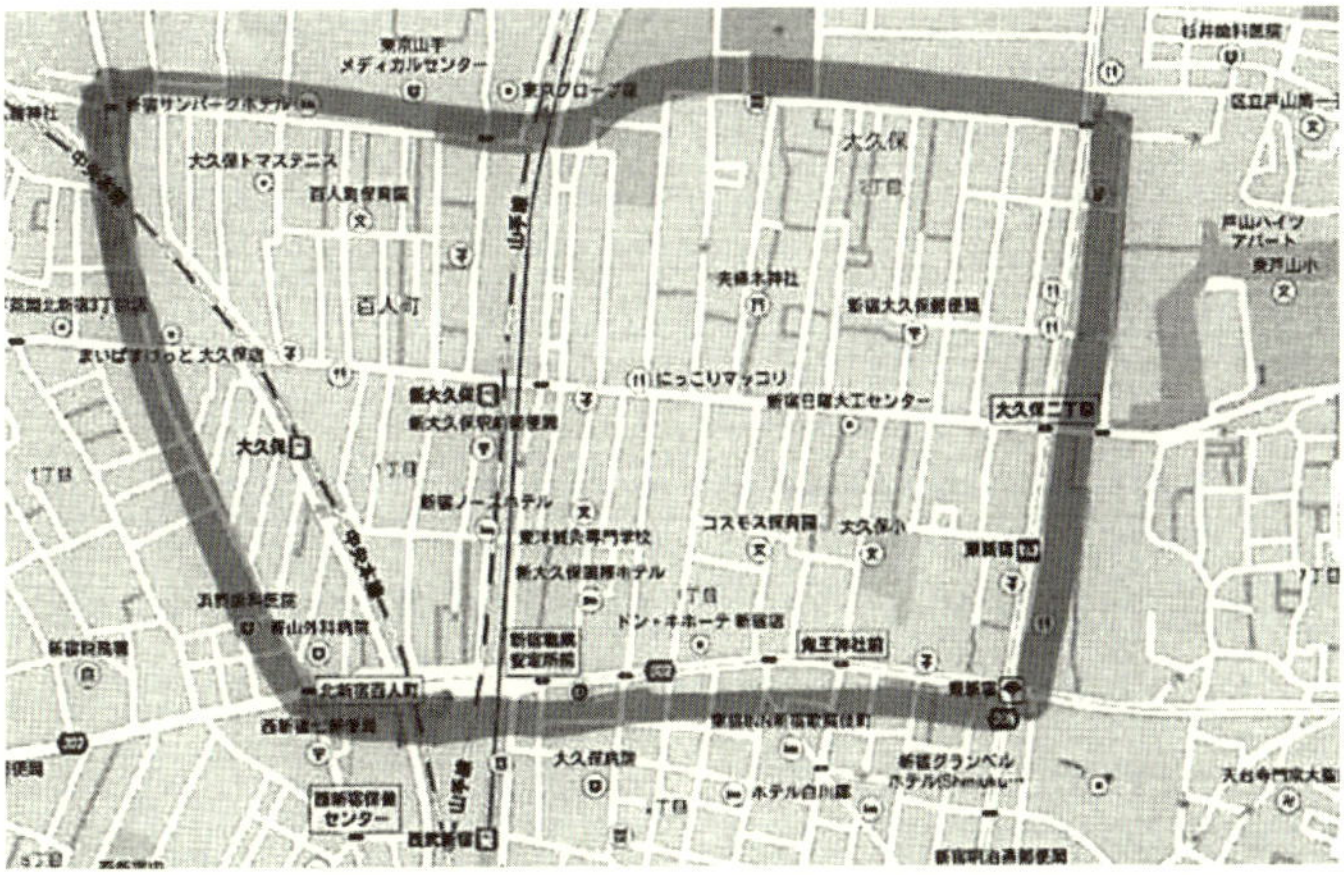

図5・1　新宿マルチエスニック地帯（Google Mapより作成）

国籍住民の割合が都内で二番目に高い豊島区は、近年、中国系の居住者が増えつつある地域として、調査や研究の対象になってきた[1]。

では、いつごろから大久保一帯は、韓国系住民の多いマルチエスニックタウンとして知られるようになったのだろうか。『オオクボ　都市の力』の著者であり、二〇年以上にわたってこのエリアを調査している稲葉（二〇〇八）によると、一九九〇年代には大久保・百人町地区はごく普通の日本の商店街だったそうだ[2]。

こうした記述について、筆者も、肌感覚で同意することができる。というのも、筆者は一九八二年から二〇年ほど新宿区大久保地区で暮らしていたからだ。居住地は大久保三丁目のJR高田馬場駅寄りの場所であったが、小学校と中学校の学区は大久保一―三丁目と百人町一―三丁目に居住している生徒たちの通うエリアであった。そのため、放課後になると、同級生たちと自転車で、大久保や百人町を通過し、JR新宿駅の辺りまで移動して遊んでいた。同級生たちとの待ち合わせ場所として頻繁に

表５・１　東京都23区区別外国籍住民人口および外国籍住民比率TOP10

	区	外国籍住民の数（人）	区総人口（人）	外国籍住民の割合
1	新宿区	3万6016	32万7712	10.9%（1）
2	江戸川区	2万5294	68万0262	3.7%（7）
3	足立区	2万3679	67万4111	3.5%（8）
4	江東区	2万2766	49万3952	4.6%（6）
5	豊島区	2万1616	27万5507	7.8%（2）
6	大田区	1万9353	70万7455	2.7%（10）
7	港区	1万8420	24万0585	7.6%（4）
8	板橋区	1万8022	54万4172	3.3%（9）
9	荒川区	1万6188	20万9087	7.7%（3）
10	北区	1万6005	33万8084	4.7%（5）

（東京都総務局人口統計課資料（http://www.toukei.metro.tokyo.jp/gaikoku/2015/ga15010000.htm）より作成）

指定されていたのが、ＪＲ大久保駅前の書店や、ＪＲ新宿駅前のモザイク通り入り口付近であった。また、西新宿の進学塾に通うため、夜通し騒ぎたてたあとでようやく静まりかえった早朝の歌舞伎町を、週末ごとに自転車で通り抜けてもいた。

路線で説明すると、ＪＲ目白駅からＪＲ新宿駅までの範囲がいわゆる「地元」にあたる生活圏と遊び場で、「歌舞伎町」と呼ばれるエリアが世間では危険な場所だとされていることを知ったのは、むしろ大学に進学してからのことだ。語学クラスの男子学生が歌舞伎町でホストになって通学してこなくなるとか、地方から上京してきた先輩たちが歌舞伎町の飲み屋でぼったくられたという武勇伝などを聞かされて、ようやく歌舞伎町は「ヤバい場所だ」という認識が生まれた。当時、むしろ学校の先生や親たちは、「池袋」や「原宿」で遊ぶと不良になるから近寄るな、と口うるさく注意していた。

そんなわけで、当時の同級生には、大久保通りの商店街や、職安通り、明治通りなどで飲食店や販売店を営んでいる家庭の子供たちがたくさんいた。外国籍の苗字をもつ同級生も複数いたが、その大半が中国籍の子供たちで、昨今増えているといわれる韓国系の同級生はそれほどいなかった。

ところが、二〇〇〇年代に入ると、この地域は「コリアンタウン」として全国に知られるようになる。その評判を聞く限り、現在では韓国および朝鮮出身の在住者の数のみが突出しているという印象を受け

［1］たとえば、奥田・田嶋（一九九一）『池袋のアジア系外国人―社会学的実態報告』めこん、山下（二〇一〇）『池袋チャイナタウン―都内最大の新華僑街の実像に迫る』洋泉社、藤巻（二〇一五）「日韓・日中関係悪化と在日韓国・中国人―東京・新大久保と池袋を事例に」『移民政策研究』七、一九九-二一〇、などがある。

［2］この時代以前のタウンヒストリーについては、まち居住研究会（一九九四）『外国人住居と変貌する街―街づくりの新たな課題』（八二-一〇七頁）学芸出版社を参照のこと。

てしまうが、二〇一五年八月の東京都総務局人口統計課が公表している調査結果を見る限り、そのような事実はない。表5・2では、「新宿区在住外国籍住民の出身国」を上位一〇か国／地域まで一覧にしてある。

確かに韓国・朝鮮の出身者は多いようだが、それ以上に中国系の出身者が多く、さらにベトナムやネパール、ミャンマーなどの出身者も数多く生活している。先述した稲葉の著書によると、「新大久保駅の西側では、台湾料理屋も、マレーシアレストランも、屋台村も健在だ。タイのレストランは店舗を拡大し、支店を増やして意気盛んである。つい最近、チュニジア・モロッコ料理の店もオープンした」（稲葉二〇〇八）とあり、むしろマルチエスニックタウンと表現する方がふさわしいように思われる。表5・2にある「その他」に含まれる出身地も、優に一〇〇か国を超えている。それなのに、統計上、単独で突出しているわけで

表5・2　新宿区在住外国籍住民の出身国別 TOP10（2015年8月現在）

	出身国	人数（人）
1	中国	1万3690
2	韓国・朝鮮	1万279
3	ベトナム	3111
4	ネパール	2722
5	ミャンマー	1547
6	米国	892
7	タイ	703
8	フランス	702
9	フィリピン	699
10	英国	346
	その他	2892
総計	（前年同月より2309人増）	3万7583

（住民基本台帳人口 外国人住民国籍別男女別人口
(http://www.city.shinjuku.lg.jp/content/000178543.pdf) より作成）

はない韓国・朝鮮の住人が、次節以降で扱う新聞報道ではきわめて卓越した存在感を示している。

一九八〇年代の大久保は、まだ日本各地どこにでもある「昭和の商店街」といった風情の町だった。そもそも大久保通りは左右一車線ずつの幅の狭いストリートであり、多少の商業ビルはあったものの、せいぜい五階建てといった中層建築ばかり。ほとんどの商店は一階が店舗で二階が住居となっている二階建ての戸建住宅の体裁で、書店や金物屋や熱帯魚屋などが連綿と続く、都心ではあるが下町風情のパッとしない場所だった。靖国通りまで出れば道幅も広く、百貨店や映画館など集客力の大きな施設がにぎやかに並んでいるが、その途中にある職安通りの景色を思い出してみても、曇り空と灰色の街並みしか浮かんでこない。

ところが、一九八〇年代後半のバブル経済の時期になると、大久保通りの商店街の家の子供たちは次々と転校していった。当時はその理由に気づかなかったが、のちにそれらの商店が地上げに合い、土地を手放し大久保通りを離れたのだと知った。また、バブル経済が終わると拡張しすぎた商店の経営がうまくいかなくなり、店を閉めて土地を離れる家族も多くなった。大久保通り周辺で飲食店を営んでいた家庭の同級生たちに中学校の同窓会で会うと、実家が店を手放して現在では別の場所で暮らしているという話を頻繁に聞かされた。

一九九〇年代も、特に韓国・朝鮮出身者が集住する街という雰囲気ではなかった。一九九〇年代前半のエスニックレストランブームの最中、新宿区内で評判になっていたのはむしろタイやインドネシアなど東南アジアの屋台レストランであり、大久保通りを中野方面に散歩がてら自転車を走らせると、ＪＲ総武線大久保駅を超えたあたりから南インド系住民に多く遭遇した。バブル崩壊後に立ち退きを余儀なくされた商店の跡地はすぐに駐車場や空き地と変わり、そのうちの一つに「百人町屋台村」という名称の東／東南アジア各地の屋台料理を一か所で食べることのできる大型屋台村が作られた[3]。

この頃、大久保通りは「商店街で数か国語放送を流していたことから、マスコミなどによって〝国際通り〟と呼ばれるようになった」(まち居住研究会 一九九四：七七-八)そうだが、地元でそのような呼び方を聞いたことはない。また、先に引用した稲葉も、「九〇年代初頭に留学生などアパートの居住者を調査した限りでは、以前から韓国人が突出して多かったわけではない。留学生を含めむしろ中国・台湾人の割合が高かった」(稲葉 二〇一〇：九二-四)、と述べている。これらのことから、大久保地区が決して韓国のみに代表される場所ではなかったということがうかがえるだろう。

二〇〇〇年代に入ると、大久保地区はにわかにマスメディアの注目を浴びるようになる。きっかけになったのは、二〇〇二年六月の日韓ワールドカップ共催だ。韓国の試合がある日には、大久保のコリアンレストラン周辺の広場や駐車場に大きなスクリーンが設置され、首都圏に住む韓国出身者や在日コリアンの人びとが集まる観戦スポットになる。日本に住む多くの人たちが、ワールドカップ報道を通じて大久保という地名を知り、その周辺に韓国系の飲食店が集まっていることを知るようになった[4]。

翌二〇〇三年四月には、NHKのBS2で始まった韓国ドラマ『冬のソナタ』が日本の中高年女性のあいだでひそかに人気となった。二〇〇四年四月からはNHK総合テレビでも放映され、後に「第一次韓流ブーム」と呼ばれた熱狂的な韓国ブームが沸き起こる。ファンは韓国に旅行するだけでなく、大久保通りのレストランや韓国の書籍やソフトなどを販売するショップにも立ち寄るようになった。

このブームは二〇〇六年ごろには沈静化したものの——韓流ドラマを見ることが、一過性のブームから日常的なごく普通の趣味に転じたためだと考えられる――、二〇一〇年になるとK－POPアイドルたちの人気が高まり、韓国文化のブームが若年層にまで広がった。第一次のブームで開店した大久保地区のショップは、韓国から輸入された文化コンテンツや化粧品などを買い求める女性たちであふれかえり、歩道からはみ出した人びとが車道を歩くほどの賑わいとなった。新大久保のガイドブックも相次いで出版され[5]、全国から客が訪れる観光のメッカとなり、韓流文化のファンにとっては日本における聖地として祭り上げられるようになっていった。

二　「大久保」はどのように表象されてきたのか

前節では、「大久保」というエリアに多くの「外国籍住民」が居住していて、実質的に「多文化共生」せざるをえない状況になっていることを確認した。そして、このような状況を人びとが知るきっかけに

［3］住所は、百人町二‐二〇‐二五。現在は閉店し韓国系のレストランに変わっている。

［4］大久保地区に住む「オールドカマー」と「ニューカマー」の差異については、朴（二〇一四）『大久保コリアンタウンの人たち』国書刊行会の第一部に詳しく書かれている。

［5］たとえば、八田［著］佐野［監修］（二〇〇九）『新大久保コリアンタウンガイド―電車で行けるソウル！　韓食と韓流のすべて』晩聲社、メディアパル（二〇一〇）『大久保コリアンタウン・パーフェクトガイド２０１１』メディアパル、中西［監修］（二〇一一）『プチ韓国―新大久保完全ブック』泰文堂、中西［監修］（二〇一二）『ＮＥＷプチ韓国―新大久保完全ブック』泰文堂、ｈｉｍｅ（二〇一二）『食べて、笑って、恋をして。新大久保　コリアンタウン in Tokyo』中央公論新社、ジェイアクト（二〇一三）『新大久保コリアンタウン　韓流ときめきガイド―東京でプチ勧告を１００％楽しむ』メイツ出版、Ｃ,ｓ（二〇一三）『新大久保スタイル miname』シーズ情報出版、などがある。

なるのは、調査研究をまとめた論文や書籍よりも、耳目に届きやすいテレビや新聞などマスメディアによる報道であることが多いだろう。これらの報道からわかるのは、「大久保」のような海外からの移住者の多い多文化エリアは、日本の未来の姿を少しだけ先取りしているかもしれないということだ。

また、新聞に掲載される記事のなかには、何か特別な事件が起きた時だけでなく、地道な取材活動を通じて人びとの日常生活の様子を伝えるものがある。新聞は、もっとも日常的に社会に関する情報を再生産しているメディアとして、日本で生活するマジョリティ集団の無意識的な関心を示す可能性をもつと考えられる。そこで本章では「大久保」という文脈において、新聞が「多文化」といったキーワードや「外国籍住民」の存在をどのように捉えているのか、その捉え方は十分であるのか、といった点について見ていくことにする。

序章で指摘されているように、新聞報道で「外国人」や「多文化」といったキーワードに関わる記事が取り上げられる際には「調和の強調／問題の隠蔽」、料理やファッションなど特定の文化的ガジェットへの「過度の単純化」、境界線の自明視を通じた「単一カテゴリーによる記述」といった手法がしばしば用いられている。それらに加えて、犯罪などマイナスイメージと節合した表象に基づく排除（Hall et al. 1978）[6]、特定の出来事への集中砲火（チョムスキー&ハーマン 二〇〇七）など、他者を表象する際の欠陥として指摘されているものは他にもある。

本書全体では「交錯」という複数のカテゴリーの関わる構造的力関係に着目して、さまざまな現象を分析しようと試みているが、果たして、日本の新聞報道ではそのような複合的視点がきちんと取り入れられて記事が生産されているのだろうか。もし、されているのだとすれば、そのような視点はどの程度まで、取り入れられているのだろうか。また、十分に取り入れられていないとするなら、どのような改善が可能であるのだろうか。ここからは、二〇〇〇年代以降に「大久保」をテーマに書かれた記事を集中的に点検し、批判的に考察していくことにする。この時期の記事を扱うのは、第一節でみてきたように、多国籍の住民が住んでいるエリアが、「韓流ブーム」を受け日常生活のレベルで話題に上るようになり、特に「大久保」への関心が高くなったという理由による。

次に、二〇〇〇年一月から二〇一四年一二月までの五つの全国紙（『朝日新聞』『読売新聞』『毎日新聞』『日本経済新聞』『東京新聞』）の記事における大久保の表象について説明する。一五年にわたる紙面のなかで、「大久保」を扱っている記事を、テーマのいかんにかかわらず広く集め総覧した上で、記事の掲載数を図5・2として紙面ごとにまとめた。このグラフから、この一五年間、新聞ごとに

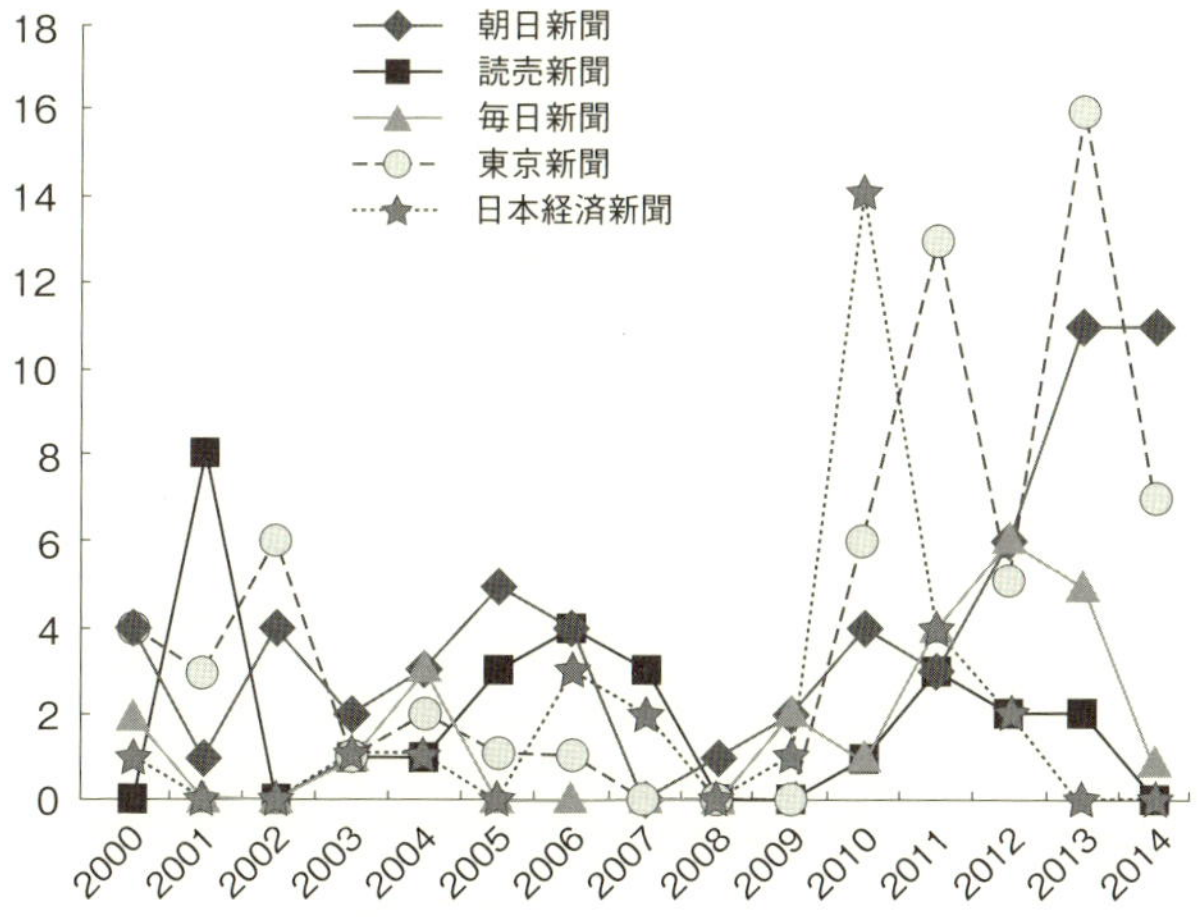

図5・2　大久保に関する各紙における記事数（2000–14年）

［6］この著作以降、カルチュラル・スタディーズによるメディアと人種表象の研究で扱われてきた。

ばらつきはあるものの、毎年必ずいずれかの新聞に大久保に関する記事が掲載されていることがわかる。

第一節でみてきた大久保周辺や韓国文化のブームなどを参考に周辺の出来事に注目すると、この時期を大きく四つに分けることができる。一つめは、一九九〇年代半ばから二〇〇〇年代初頭にかけての大久保地区周辺が多文化都市へと変貌していく時期である。この時期、二〇〇一年には、当時の経済産業相中川昭一と内閣官房副長官安倍晋三の圧力により、ＮＨＫがＥＴＶ特集シリーズ「戦争をどう裁くか」の二回目「問われる戦時性暴力」で慰安婦問題などを扱う民衆法廷（模擬法廷）の日本軍性奴隷制を裁く女性国際戦犯法廷に関する番組の内容を改変したとされるＮＨＫ番組改変問題が起きている。しかし、この出来事との関係で大久保が脚光を浴びるということは特段なかった。二つめは、二〇〇三年に放映された韓国ドラマ『冬のソナタ』による韓流ドラマブームに端を発する、第一次韓流ブームが盛り上がった二〇〇四年から沈静化する二〇〇九年くらいまでにあたる時期。三つめは、Ｋ－ＰＯＰが日本でもてはやされるようになった二〇一〇年から二〇一二年あたりまでの第二次韓流ブームだ。第一次のブーム時には主に年配の女性たちを中心に流行したのと比べて、一気に若年層にまで広がったのがこの時期である。日本の文化産業を席巻していた韓流に対して、二〇一一年にはフジテレビ抗議デモが起き、反韓流を叫ぶ主にネットで知り合った保守系の若者たちが継続的にデモを行うという騒ぎにもなった。最後は、二〇一二年八月に韓国の李明博大統領が竹島に上陸して大久保地区でのヘイトスピーチ

表５・３　時期区分ごとの記事数（五紙合計）

2000–03 年	39
2004–09 年	42
2010–12 年	74
2013–14 年	53

デモが広がった辺りから、現在まで続く時期になる。このように四つの時期に分類し、時期ごとの記事数をまとめてみると、表5・3のようになった。

具体的な記事の内容については以下で検証していくが、一つめの時期は「多文化」や「共生」というキーワードが使われ、二つめの時期は「冬のソナタ」との関連でまとめられ、三つめの時期になると、高度に商業化された様子や「イケメン」といったキーワードとともに報道されるようになっている。最後の時期は、一転して、このエリアが政治的な問題の中心地として取り上げられていくヘイトスピーチデモに特化された記事が集中的に掲載された。

これらの記事の内容に基づいて、さらに「大久保」周辺で起きた出来事とおおまかな報道の傾向について、表5・4として年表形式でまとめてある。以上の点を踏まえ、次に時期ごとの特徴的な記事の内容をみていくことにする。

●二・一　①多文化都市への変貌期（一九九〇年代半ば－二〇〇〇年初期）

二〇〇〇年五月におこなった調査に基づいて、民間のシンクタンク東京財団（二〇〇〇）が、大久保地区に外国籍の居住者が集中して住むようになった理由をいくつか挙げている。まずは、終戦直後から職を求める外国人労働者が集まってきたこと、ラブホテルの林立により外国人売春婦が集まったこと、そして山手線圏内にしては戸建住宅やアパートの賃借料が安く、都心の職場や学校に近い立地であること、また、すでに外国籍の居住者がいることから、新しく来た外国籍住民にとってメリットが大きい地域であること、などである（東京財団 二〇〇〇）。

表5・4　全国紙での大久保／オオクボ地区の表象の経緯

		大久保地区の出来事	社会的背景
	1983		5月　中曽根康弘首相（当時）「留学生10万人計画」を発表
バブル期前後	1989-93年	韓国広場（金根熙）開店〔ニューカマー第一世代〕韓国料理店はわずか数店舗	韓国政府が国民の海外旅行を自由化⇒ニューカマー増加
韓国系レストラン急増期	1994年		
	1995年		1月　阪神・淡路大震災 3月　地下鉄サリン事件 11月ウィンドウズ95発売
	1996年	韓国系レストラン10店開店（*1）	12月　新しい歴史教科書をつくる会発足
	1997年	韓国系レストラン16店開店（*1）	7月　アジア通貨危機
	1998年	韓国系レストラン15店開店（*1） コリアプラザ開店	
エスニックレストラン増加期	1999年		
	2000年	5月　「世界の食が人の輪をつなぐ」（新宿区まちづくり懇談会（共住懇））発行 10月　生活ガイドブック「きょうから大久保」（まち居住研究会［編］） 10月　PCルーム急増	4月　石原慎太郎による「三国人」発言問題 12月　大江戸線東新宿駅開業
	2001年	とんちゃん(具哲)開店〔ニューカマー第二世代〕高麗博物館オープン 1月　新大久保駅事故で李秀賢さん死亡 5月　在日本韓国人連合会（韓人会）発足	ニューカマー13万人ほど 1月　NHK番組改変問題
	2002年	韓国系の店舗50-80軒ほど（*3） 6月　日韓サッカーワールドカップ開催	9月　日朝首脳会談で拉致問題について 9月　北朝鮮による拉致問題で朝鮮学校などへの嫌がらせが全国で
第1次韓流ブーム	2003年	韓流ドラマブーム開始 9月　不法残留摘発の記事	中国系犯罪組織による犯罪の問題化
	2004年		
	2005年	4月　新宿区と区民が後方ビデオ「多国籍のまち大久保」を制作 10月　外国人向け初の防災訓練	1月　歌舞伎町ルネッサンス推進協議会発足 7月　『マンガ嫌韓流』発行 9月　しんじゅく多文化共生センターを設置 10月　フランス移民暴動
	2006年		3月　日本が韓国人観光客の短期滞在査証を免除 7月　北朝鮮ミサイル発射問題
	2007年	韓流百貨店開店〔ニューカマー第三世代〕	12月　中国ギョーザ事件
	2008年		1月　中国ギョーザ事件 2月　李明博政権発足 10月　ウォン暴落
	2009年	4月　韓人会による地域組織「新宿韓人発展委員会」発足 4月　不法就労摘発の記事 8月　旅館業法違反で摘発	

表5・4　全国紙での大久保／オオクボ地区の表象の経緯（続き）

		大久保地区の出来事	社会的背景
第2次韓流ブーム	2010年	K-POPブーム（韓流ブームの低年齢化が進む） 6月　埼玉から文化センター・アリランが職安通りに移転 7月−　韓国料理店「鳥鵲橋」の献花台でパク・ヨンハへの献花相次ぐ 9月マッコリブーム	6月　俳優パク・ヨンハ自殺 8月　在特会幹部4人が京都市の京都朝鮮第一初級学校への侮辱を繰り返し逮捕
	2011年	＊韓国料理ブーム 2月　ご当地韓流アイドルのプロデュース（*2） 6月　311復興支援のためのチャリティーイベントを行う 9月　ドン・キホーテ「イケメン通り」側壁をぶち抜く 12月　韓流アイドル、大久保のライブハウスで無許可公演容疑	8月−　フジテレビ抗議デモ 11月　大久保1丁目アパートの火災で7人死傷
	2012年	＊集客バブル到来 韓国系の店舗350軒ほど（*3） 1月　韓流販売店の所得隠し 2月　韓流ライブハウス摘発 9月　集客変わらず商業地の基準地価上昇	6月　ニューヨーク（アイゼンハワー公園）に慰安婦碑を設置 8月　李明博大統領が竹島に上陸 8月　香港活動家尖閣諸島上陸事件（以降、中国の反日デモが拡大）
ヘイトデモ問題	2013年	＊ヘイトデモにより客足減る 2月　反韓デモ報道 3月　ヘイトスピーチや反韓デモへの抗議行動 6月　在特会会長ら8人逮捕 8月　K-POPファンもカウンター行動へ 9月　ヘイトスピーチとレイシズムを乗り越える国際ネットワーク（のりこえねっと）結成	朴槿恵政権発足 10月　京都地裁で在特会による朝鮮学校授業妨害を「人種差別で違法」と判断 12月　「ヘイトスピーチ」が2013年流行語大賞ベスト10に入る
	2014年	ヘイトデモVSカウンターデモ 11月　新宿韓国商人連合会を発足	11月　政府によるヘイトスピーチ問題への言及 12月　朝日新聞「従軍慰安婦記事」捏造問題

(*1)「世界の食が人の輪をつなぐ」(2000) 新宿区まちづくり懇談会（共住懇）編集
(*2)『毎日新聞』2011年2月22日夕刊：2
(*3)『毎日新聞』2012年3月12日夕刊：2

それでも一九九〇年代初頭までは、「日本中のどこにでも見られるような普通の商店街」（『日経ビジネス』二〇一二年二月二〇日号）であり、居住者たちの出身国は、「フィリピン人→タイ人→中国人という経緯を経て（二〇〇〇年）現在では韓国人が多くを占めて」いて、「その時々の各国の状況、日本の経済・受け入れ状況により在住する外国人の国籍も変わってきておりそれにより街の様子も変わってきている」と、東京財団のホームページでは居住者たちの出身国は指摘されていた。[7] すでに表5・2で見たように、大久保地域には複数の国や地域の出身者が集住していて、しばしば想起されるような「大久保＝コリアンタウン」といったイメージ以上に、このエリアは多文化な都市として成立してきた。

韓流ブームより前の段階である二〇〇〇年から二〇〇三年にかけて、すでに大久保地区について新聞でいくつかのトピックスが取り上げられていた。しかも、その多くは「韓国」に関する記事であった。一つめは、二〇〇一年JR新大久保駅で、線路に転落した男性を助けるために韓国籍の李秀賢さんと日本籍のカメラマンが犠牲になった事故に関連する記事である。二つめは、二〇〇二年の日韓ワールドカップの開催中や開催後の大久保の様子をドキュメントするものである。さらに、この時期は、「多文化」や「共生」や「融和」といった言葉が頻繁に使われ、日本における多文化共生社会の模範例の一つとして、大久保でのさまざまな取り組みを紹介する記事が目につく。

『朝日新聞』では、「多文化探索（天声人語）」（二〇〇〇年八月二八日朝刊：一）、「文化の国境越えて隣人に大久保地区の住民らが生活ガイド」（二〇〇〇年一〇月一二日朝刊：三五）に、「異文化共生、劇でNPOが外国人や街描く　新宿・大久保」（二〇〇二年一〇月二四日朝刊：三一）、「大久保　韓国人ニューカマーたちの物語」（二〇〇三年八月二三日夕刊：一二）など、大久保の状況を広く知らせようとする記事がいくつか掲載されていた。『読売新聞』では、「ジャパニーズ・ドリーム　新宿の韓国人（三）保育園」（二〇〇一年一〇月一八日朝刊：三四）、「ジャパニーズ・ドリーム　新宿の韓国人（四）教育」（二〇〇一年一〇月一九日朝刊：三二）など。『東京新聞』では、「ＴＯＫＹＯ発　二一世紀　大久保　天使が住む街に　共生へ動き出す」（二〇〇〇年五月一九日朝刊：二八）、「残照の夏ＫとＪ　祝祭の後に　職安通りのニューカマー〝余熱〟をさましたくない　イベントなどで融和を」（二〇〇二年八月一二日夕刊：八）、「ＴＯＫＹＯ　どんぶらこ（八〇）大久保　日韓共生　天使が取り持つ」（二〇〇三年七月二〇日朝刊：二八）など、やはりこのエリアで生活する人びとの様子を取り上げている記事が多い。

また、料理という切り口から取り上げている記事も多い。『朝日新聞』では、「キムチが結ぶ酒場の友好」（二〇〇〇年二月二三日朝刊：三二）、「エスニックな味・韓国系が急増　新宿区大久保・百人町」（二〇〇〇年五月九日朝刊：二七）、『読売新聞』では、「ジャパニーズ・ドリーム　新宿の韓国人（二）家庭料理店」（二〇〇一年一〇月一七日朝刊：三六）、『東京新聞』では、「レジャー　食べ歩き　新宿・大久保　コリアタウン　郷愁も満たすオモニの味」（二〇〇〇年一二月六日夕刊：七）、「新宿・大久保　エスニック料理探検　韓国編「ピョカルビ」（骨つきカルビ）」（二〇〇二年九月二日朝刊：八）、「新宿・大久保　エスニック料理探検　韓国編「スンニュン」（おこげを使った飲み物）」（二〇〇二年一〇月七日朝刊：八）、『日本経済新聞』では「焼肉タウン、東西名所比べ—大久保・豚肉も人気、鶴橋・庶民的」（二〇〇〇年三月四日夕刊：六）など。このように、あるエスニック集団を象徴的な食べ物や料理などのステレオタイプに押しこんで表象する手

［7］東京財団ホームページ〈http://www.tkfd.org/tokyo/tokyof/fsokubo.htm〉（最終閲覧日：二〇〇四年六月一三日）（現在アクセス不可）。

法は日本以外でも広く行われているが、新聞報道においても繰り返し再生産されていた。

　つまり、この時期の記事にみられるのは、多文化状況になっている地域社会について調和や融和を強調し、エスニック料理によって代表するという過度の単純化であるといえる。

●二・二　②第一次韓流ブームから沈静期まで（二〇〇四－〇九年）

　すでに説明しているとおり、この時期には『冬のソナタ』に端を発して韓国ドラマを愛好する中高年の女性たちが増え、韓国語学習教材が売れたり、大久保地区を訪れる人の数が増えたりした。しかし、きちんと新聞紙面を確認してみると、この時期に大久保地区と韓流とを絡めて書いた記事はさほど多くない。

　『朝日新聞』では、二〇〇四年から五年にかけていくつかの記事が掲載された。「語学熱から相互理解へ」（二〇〇四年九月九日朝刊：一四）では、韓流ブームから韓国語への関心が高まり、新大久保のショップを訪れる人が増えたことを報じている。「東京・新宿　職安通り　きずな深める懸け橋」（二〇〇五年九月八日夕刊：五）では、その様子を以下のように伝えている。


　通りの雰囲気はここ数年の韓流ブームで大きく変わった。韓国スターの写真入りグッズを扱う店が増え、連日多くの人が訪れる。通り沿いだけでざっと三〇軒の韓国料理屋が密集している。〔…〕九八年から韓国雑誌や書籍、ＣＤなどを販売するコリアプラザは、〇三年の『冬のソナタ』の放送後から来客数が飛躍的に増えた。それまで日本人の客は一割程度だったが今や全体の八割以上を占め、売り上げも約五倍に。

しかし、それ以外の新聞では『冬のソナタ』に言及することなく、どちらかといえば硬派な視点と論調で、大久保地区に関する記事を載せている。二〇〇五年二月にJR新大久保、大久保両駅のガード下に壁画を制作し、共生の象徴として天使を描くことに決めた話や、二〇〇五年一〇月に日本人と在日外国人とが協力して「しんじゅく多文化防災訓練」が初めて行われたこと、二〇〇六年のワールドカップドイツ大会ではふたたび大久保地区に韓国サポーターが集結して応援した記事などは、小さいながらも複数の新聞に掲載された。

『読売新聞』では、「［教育ルネサンス］つなぐ・総合学習（一一）原点は〝異文化学級〟体験」（二〇〇五年一一月一六日朝刊：三七）と「［教育ルネサンス］築く・多文化共生（四）大学院生ら〝助っ人〟起用」（二〇〇六年三月二五日朝刊：三七）で、新宿区立大久保小学校を多文化教育の模範的モデルとして紹介している。

『日本経済新聞』では、「第五部国際化へのうごめき（一）外国人街、各地に続々」（二〇〇四年八月二五日朝刊：一五）という記事で、大久保商店街振興組合理事長の話から、共生を模索する地元住民の様子を紹介している。二〇〇六年八月一六日には「「韓国広場」社長金根熙氏―韓国の生活文化を発信」（二〇〇六年八月一六日朝刊：一五）で、金氏を「共生」の理念を抱いて一九九三年に起業し、ビジネスを通じて相互理解を深めてきた人物であると紹介している。

『朝日新聞』でも「共生・交流、より身近に　アジアに開く日本」（二〇〇四年三月三日朝刊：一七）、「多国籍のまち、区民がＰＲ　大久保、多彩な食で「共生」映す」（二〇〇五年四月一七日朝刊：二七）、「多文化の学童保育　僕ね、まず韓国、次に日本を応援するよ」（二〇〇六年四月一六日朝刊：三二）など、二〇〇〇年代初頭から続く多文化共生や多文化教育に関する記事を掲載している。

次にみていく第二次韓流ブームの時期と比べると、この時期はまだ大久保地区の商業的な側面に焦点が当てられることは少なく、「多文化共生」という視点からみて「政治的に正しい（ＰＣ）」記事が生産されている。大久保という特殊な地域の試みを、うまくいっている一つのモデルケースとして紹介していることから、①の時期と同じように、調和の強調を引き続きおこなっている時期である。

●二・三　③第二次韓流ブーム到来（二〇一〇–一二年）

この時期に広がった第二次韓流ブームについては、新聞各紙のみならずこれらの系列のエンターテイメント系の雑誌や経済情報誌などでも頻繁にとりあげられた。二〇一〇年の『エコノミスト』（一〇月二六日号）では、「「韓流ブーム」を背景に、中高年の女性たちであふれている……と考えるのは早計だ。最近の新大久保は、若い女性たちが集う「新スポット」になっている」と、韓流ブームに沸く女性たちの低年齢化に注目しつつ取り上げている。この記事のなかでは、日本発のＫ–ＰＯＰグループ「ＫＩＮＯ（Ｋ–ＰＯＰ・ＩＮ・ＯＫＵＢＯを省略してつけられたグループ名）」のライブハウスでの活動の模様が取材され、その背景として二〇〇五年に日本デビューを果たした「東方神起」の成功以後のＫ–ＰＯＰブームを取り上げている。さらに、街の様子を次のように描写してもいる。

どの韓流グッズ店でもＫ‐ＰＯＰのＣＤが数多く並び、店内や通りに向けて終日Ｋ‐ＰＯＰがモニターに流れている。新大久保にあるＫ‐ＰＯＰ関連の店は前述のライブハウスだけではない。職安通り沿いにあるカフェ＆バー「ｓｏｒｉ」では、大画面モニターが設置され、韓国伝統のお茶を楽しみながらＫ‐ＰＯＰを思う存分堪能できる。日本ではあまり見る機会のない韓国の音楽番組を放送したり、客のリクエストに応えたりする一方、韓流スターを招いてのファン主催のミニライブや、ファン同士のオフ会を開くなど、Ｋ‐ＰＯＰファンの間では有名な店だ。昼のランチには主婦層、夕方近くになると高校生、夜になるとＯＬらが集い、地方からの客もたびたび訪れるという。（『エコノミスト』二〇一〇年一〇月二六日号：九二－四）

第一次韓流ブームには乗り遅れた感のあったマスメディアだが、第二次ブームの際には積極的に取り上げている。二〇一〇年五月一九日の『毎日新聞』夕刊では、次のように描写している。

すぐに見えてきた「韓流百貨店」。店内はバーゲンセール会場のようにごった返していた。四〇〇平方メートルほどの広さ。韓流スターのグッズやＣＤ・ＤＶＤと、化粧品、食料品を扱う。活動休止後も人気の男性グループ東方神起のグッズが置かれたワゴン前に女性たちが群がり、タペストリーや写真集を買っていく。人気のスターはポップグループのＢＩＧＢＡＮＧやＳＳ５０１、男優のイ・ビョンホン。壁の大きなカレンダーに、アイドルイベントの日程などが書き込まれている。同店の李謹行《イクンヘン》課長（四四）は「来店者数は去年の二割増。休日は二〇〇〇人以上がいらっしゃる。（『毎

日新聞』二〇一〇年五月一九日夕刊：二）

これらの例のように、この時期は、移民や外国籍住民を主体とする記事は消え、大久保に群がる日本人女性たち中心の記事が増えた。その様子を描写する記事には、「グッズが置かれたワゴン前に女性たちが群がり」（『毎日新聞』二〇一〇年五月一九日夕刊：二）、「休日ともなると、新大久保駅近くのアイドルショップには、一〇代からの若い女性で混み合う。大久保通りや職安通りの一角は、ひところの原宿の竹下通りにそっくりだ」（『日経ＭＪ（流通新聞）』二〇一〇年一〇月二五日：二四）、「通りではドンワンさんのイメージカラー、オレンジの風船やうちわが振られ、女性たちが一斉にカメラを向けた。近くのホールでイベント終えたドンワンさんは、ファンで押しくらまんじゅう状態の通りを歩き、韓国料理店へ。入店するとまた「キャー」と甲高い声が上がった」（『東京新聞』二〇一〇年一二月一六日朝刊：二）、など若い女性のファンカルチャーをステレオタイプ化して揶揄するような言葉で満ちている。

こうした記事は二〇一〇年から一二年にかけて各紙で生産され、とくに『毎日新聞』（二〇一一年二月二二日夕刊：二）の文章は、女性のファンカルチャーを侮蔑する典型的なものであった。

この日はバレンタインのスペシャルイベントとして、彼ら〔ＫＩＮＯのメンバー〕がにわか韓流ドラマを演じる。いきなり大衆演劇の芝居小屋みたいになってきた。ありがちな空港での恋人同士の別れのシーン、指名されたファンはメンバーにぎゅっと抱きしめられ、うっとりと目を閉じる。会場は嫉妬の渦と化し、「キャー、ヤメテー！」の絶叫。どうぞ、どうぞ、お好きなだけやってくだされ、隅っこで身を縮めていたおやじ記者はたまらずエレベーターのボタンを押し、退散する。（『毎日新聞』二〇一一年二月二三日夕刊：二）

アイドルによるこの手のサービスは、K‐POPグループに限ったことではなく、むしろ、秋葉原系の女性地下アイドルや、ももいろクローバーZが所属するスターダスト・プロモーションの女性アイドルたちのお家芸ともいえる手法だ。この記事を書いた記者は、自分自身を冴えないオジサンという自虐的な位置におきながら、「イケメン」に群がる若い女性たちをセクシズム満載の言葉で記述している。これらの記事では、大久保を訪れる女性たちは「ミーハー」としかみなされていない。彼女たちが、韓国ドラマやK‐POPを愛好することを通じてどれほど韓国文化への造詣を深めているかといったことや、韓国語学習による相互理解の進展など、掘り下げるべき点はたくさんあったにもかかわらず、すべてひとからげにして、イケメンに群がる（軽薄な）日本人女性という一面的なイメージで語っている。

その象徴ともいえるのが、「「原宿化」する新大久保、「韓流」求め乙女ひしめく、格安グッズ多彩（ブームの裏側）」（『日経MJ（流通新聞）』二〇一〇年一〇月二五日：二四）や、「国際都市、オオクボの光と影」（『日経ビジネス』二〇一二年二月二〇日号：二八‐九）で紹介されている「イケメン通り」（図5・3）だ。ここは車一台通るのもやっとの細い路地ながら、韓流スターの写真やグッズを販売するショップや韓国屋台が軒を連ね、女性たちが押し寄せすれ違うのも困難なほどの賑わいをみせていると書かれている。

その他にも、「マッコリブーム、来た!?　韓流ファン、火付け役」（『朝日新聞』二〇一〇年九月二一日夕刊：二三）、「韓流店員ユニット「JacKs」新年メジャーデビュー、新大久保のグループ初」（『東京新聞』

二〇一一年一一月二六日朝刊：一七）、「韓流大久保の光と影、ハングル満開・老若メロメロ、ゴミ散乱・違法看板・海賊版…」（『朝日新聞』二〇一二年二月一五日夕刊：一三）、「（まちあるき）韓国＠新大久保、女性ひきつける観光地」（『朝日新聞』二〇一二年四月六日夕刊：七）など、同様の視点から書かれた記事が大量に掲載され、大久保への関心は高まっているが、最初の二つの時期にみられるような「多文化共生」社会や多文化教育について論じるような記事はほぼ書かれなくなってしまった。

この時期の記事の特徴としては、「イケメン」、韓流を象徴する記号である「K」のイメージへの過度の単純化とそこに群がる女性たちをセクシズム的な視点から描くこと、そして①②の時期同様、多種多様なエスニック集団が生活している地域を「韓国」という単一のカテゴリーで表象してしまう、さらに経済活動への還元といった点を指摘することができる。

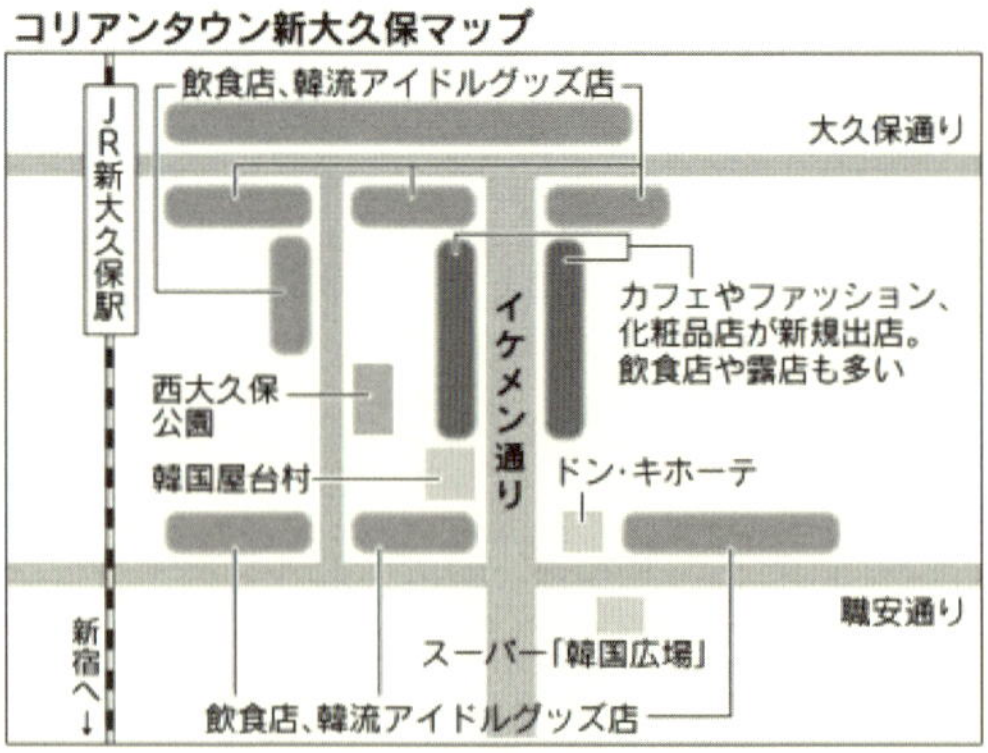

図５・３　イケメン通りMAP
（出典：http://han.mource.com/topics/1301）

●二・四　④ヘイトスピーチデモ問題（二〇一三―一五年現在）

大久保への関心が最大限に高まっていたと考えられる二〇一二年八月頃、突然、ヘイトスピーチデモが始まった。その源流は、二〇〇七年一月に結成され、二〇〇九年から二〇一〇年にかけて京都市内の朝鮮学校周辺で街宣活動をおこなった「在日特権を許さない市民の会（在特会）」の活動や、二〇一一年八月に加熱したフジテレビ抗議デモ[8]などにある。インターネットを通じた在特会の宣伝動画や極右的なサイトの情報をもとに反韓的な感情を募らせた人びとが、二〇一二年八月に当時の韓国大統領李明博が竹島に上陸したことを受け、コリアンタウンとしてすでに知られている大久保地区に街宣車で押しかけ、デモを繰り広げるようになった。

新聞で大きく取り上げられるようになったのは、二〇一三年春から夏にかけてのことだ。たとえば、三月に『朝日新聞』は「「殺せ」連呼するデモ横行　言論の自由か、規制の対象か」という見出しの記事で、デモの様子を次のように描写している。

韓流の街、東京・新大久保。二月の休日、日の丸や旭日旗を掲げた約一〇〇人が、シュプレヒコールとともに通り過ぎた。韓国から竹島の奪還を、という訴えに「射殺しろ」「殺せ」と物騒な言葉が混じる。別の日のデモでは「朝鮮人首吊れ」「良い韓国人も悪い韓国人も殺せ」といったプラカードも見た。（『朝日新聞』二〇一三年三月一六日朝刊：三七）

在特会を中心に大久保地区で繰り広げられたデモは、特定の人種や民族への憎しみや差別意識を煽り

［8］韓国ドラマを多く放映しているという口実で、フジテレビや韓国ドラマの放映時間にCMを流しているスポンサー企業に対して行われた抗議デモ。

立てる「ヘイトスピーチ」を行い、レイシズム（人種差別）や暴力を助長しようとするものである。

ところが、反韓デモに抗議の意思を示す動きが急速に広がり、TwitterなどSNSを経由して反ヘイトスピーチのためのカウンターデモが二〇一三年二月上旬から自発的に始まった。

三月の日曜、昼下がり、東京・新大久保。「在日特権を許さない市民の会」（在特会）の桜井誠会長（四一）が、先導車から拡声機でコールする。「新大久保のゴキブリの皆さんこんにちは！　こちらは「全日本・社会の害虫を駆除しよう清掃委員会」のデモ隊です」「在日韓国人をテポドンにくくりつけ、韓国に撃ち込みましょう！」〔…〕反対側の歩道には、デモへの抗議に集まった人たちのプラカードが並ぶ。繰り返されている光景だ。（『朝日新聞』二〇一三年四月二八日朝刊：三九）

「在日韓国・朝鮮人をたたき出せ」。日章旗とともに、約二〇〇人のデモ隊が通り過ぎてゆく。〔…〕反対側の歩道には「仲良くしようぜ」などと書かれたプラカードを持つ人が、ずらり並んだ。人数は〔在特会の〕デモ隊に匹敵するほどだ。（『朝日新聞』二〇一三年三月二六日夕刊：一八）

こうしたヘイトスピーチデモとカウンター行動をとる人びとの脇で、現地の人びとがどのような反応を示していたかも報道されている。

騒然とした雰囲気の傍ら、韓国化粧品を並べた店を営む在日韓国人の女性（五六）は「どうしてこんなデモがあるのか分からない。お客さんが怖がって寄りつかなくなっている」と顔をしかめた。

（『東京新聞』二〇一三年三月二九日朝刊：二八）

さらに、二〇一三年九月になると、国土交通省が発表した大久保地区の基準地価の下落を受けて、韓流ブームの衰退が報じられた。九月二〇日の『東京新聞』では、

「客は一年で半分に減った」。ＪＲ新大久保駅近くの韓国雑貨店で化粧品を担当する男性（四六）は明かす。〔…〕〔それまでは〕「女性客で店内が毎日ぎゅう詰めだった」。歩道からあふれた客が車道を歩くほどのにぎわいだったが「最近はテレビにも取り上げられず、売り上げも落ちた」（『東京新聞』二〇一三年九月二〇日朝刊：二九）

こうした記事において、竹島問題による日韓関係の政治的緊迫、ヘイトスピーチデモや街宣活動への恐怖、原発事故の影響による在日外国人の帰国など、ブームの終焉を引き起こした要因が複数挙げられるなか、カウンター側はアメリカ公民権運動のワシントン大行進に着想を得て、九月二二日に「差別撤廃　東京大行進」と題する反ヘイトスピーチデモを主催した。その数日後、二六日には反ヘイトスピーチ団体である「ヘイトスピーチとレイシズムを乗り越える国際ネットワーク（のりこえねっと）」が結成された。二〇一三年九月二六日の『東京新聞』朝刊では次のように報道している。

攻撃対象は在日コリアンにとどまらず、障害者〔ママ〕や被差別部落出身者といった社会的少数者・弱者全般に及ぶ。〔仕掛け人の〕辛さんは「在日が受けてきた差別が今もなくならず、新たな人たちに矛先が向かっている。私たち在日は闘ってきたが、日本社会を変えられなかった。その一人として責任を感じている」と話す。〔…〕「究極の目標は、差別する人と一緒にご飯を食べること。口論になってもいいから」と明るく言い放つ。「差別する側、される側。私たちは同じ社会で生きているのに分断されている。黙っていては交わらない。その壁を乗り越えたい。（『東京新聞』二〇一三年九月二六日朝刊：二八）

カウンターデモやヘイトスピーチに反対するネットワークの結成などの動きを受け、大久保地区でのヘイトスピーチデモは二〇一三年九月を最後に沈静化したが、その後は銀座などの繁華街や全国各地に広がっているという（『朝日新聞』二〇一四年三月三日朝刊：三九）。二〇一三年に、ヘイトスピーチをともなうデモや街宣は、三六〇件以上起きているという調査結果もある（『朝日新聞』二〇一四年八月三〇日朝刊：二）。日本政府は、国連人種差別撤廃委員会からヘイトスピーチをめぐり二〇一四年八月に「デモの際に公然と行われる人種差別などに対して、毅然と対処すべきだ」との勧告も受けた。

しかし、ヘイトスピーチデモの結果、大久保地区では客足が減った。その後も商店の看板や住宅の壁、高架下などに、油性ペンやスプレー缶による「コリアン日本へ来るな」、「卑劣なバカ」やナチス・ドイツのシンボル「かぎ十字」などの落書きが約五〇か所で見つかったと報道されている（『朝日新聞』二〇一四年三月三日朝刊：三九）。二〇一四年九月には、『東京新聞』が「ヘイトスピーチやんでも…韓流の街　残

る痛み　新大久保　客戻らず閉店相次ぐ」というタイトルの記事を載せ、韓国料理店や韓流グッズ店の閉店が続いていると報じた。ヘイトスピーチのデモで離れた客足は一年経っても戻ることがなく、これまで頻繁にメディアに取り上げられてきた大型店の経営破綻や、民事再生法の適用申請などが相次いだ。

韓国系の店は最盛期には三百店以上あったといわれる。見た目はシャッター通りと化したわけではないが、地元の不動産業者（六〇）は「知る範囲で、この二年で約三割が閉店するか、借り主が代わった」と明かす。〔…〕一方、韓国料理店の韓国人経営者（四六）は「韓流バブルが去っただけ。安くなったいい物件を探している」と冷静に話し「韓流ブームの前に多かった中国系の店が再び増えてきている」と付け加えた。（『東京新聞』二〇一四年九月一八日朝刊：二九）

また、二〇一四年一一月六日の『東京新聞』夕刊では、閉店相次ぐ新大久保で危機感を強める韓国人経営者や店主らが「新宿韓国商人連合会」を発足した（『東京新聞』二〇一四年一一月六日夕刊：一）と報道したり、二〇一四年六月一九日の『朝日新聞』朝刊では、二〇一四年ワールドカップブラジル大会で日韓の試合を両国民で一緒に見ようと、大久保地区の韓国料理店が呼びかけたりしているなど（『朝日新聞』二〇一四年六月一九日朝刊：三八）、地元住民の動向もふたたび報じられるようになった。

この時期の特徴としては、「大久保」に関する記事のほとんどが、K－POPとイケメンブームに集中してしまった③の時期に続いて、ヘイトスピーチデモ報道のみに集中してしまったということが挙げられる。特に、記事の数は増えているものの地元の人たちの様子や日常生活をすくい取るような記事が消え、ヘイトスピーチ側対カウンター側、という対立構造と非調和的なイメージが、「大久保」を危険で怖い場所であるように意味づけてしまった。

また、政治的には保守系の『読売新聞』は、ヘイトスピーチデモの時期にはほとんど「大久保」に関する記事を掲載しなくなった。③の時期には積極的に「大久保」の商業活動を報じていた『日本経済新聞』でも、ヘイトスピーチデモという政治的な問題が立ち上がった時期には、「大久保」に関する報道をしなくなり、記事数もゼロとなっている。どちらの新聞でも、自分たちの関心やイデオロギーとは異なる事態が起きた場合に、批判や攻撃を加えるのではなく、無関心を貫くという姿勢を取っているということなのだろう〔9〕。

●二・五　韓国以外の外国籍住民に関する記事

一五年間の記事を点検してみたところ、残念ながら、複数のカテゴリーにまたがるような視点から大久保を捉えている記事はほとんどみられなかった。とはいえ、複雑な状況をまるごととらえて紹介しようと試みている記事が皆無というわけではない。

たとえば、外国籍の居住者たちのクロスカルチャーな様子と、そのような生活の困難さを描こうとする記事には次のようなものがあった。

二〇〇四年八月一日『東京新聞』朝刊「少女の居場所　男児突き落とし事件　差別、教育、言葉…〝多国籍〟の新宿　異文化トラブル　共生へ救いの手　ミャンマー人が二四時間対応も「悩み話すことが大切」」では、「百カ国を超す外国人が集まる多文化都市という実態から、言葉の壁や文化の違いなどをめぐるトラブルは数えきれない。同区内の団地で六月、中学二年の少女が男児（五つ）を突き落した事件でも、差別や偏見、言葉の問題が浮かび上がった。そんな新宿の街で、同国人同士で支え合ったり、地域に浸透を図ったりする「共生」に向けての模索が広がっている」（『東京新聞』二〇〇四年八月一日朝刊：二六）という導入から、ミャンマー出身者が、地域でのトラブル、ビザや在留資格の相談、教育問題、言葉の壁などを解決するためにＮＰＯの事務所を設けた経緯を説明している。

二〇〇七年五月二八日『日本経済新聞』朝刊「第三部社会総がかりへの道（四）現場に頼る「支援」（ニッポンの教育）」では、このエリアでの教育問題を扱う際に必ず登場する、新宿区立大久保小学校の多文化教育への取り組みが紹介されている。

同小の児童百七十五人の約六割は海外十数カ国に関係する外国籍で、「恐らく比率の高さは日本一」。長岡富美子校長は苦笑するが、日々の努力は尋常でない。〔…〕授業の工夫は当然のこと、両親の勤務が深夜に及ぶ子供たちの生活のケアもある。保育園の協力を得た深夜保育、地域住民による「大久保地域見守り隊」、大学生や貸借者のボランティアによる日本語指導や学校文書翻訳……。日本語

［9］大久保に直接言及するもの以外では、たとえば、「ヘイトスピーチ　民族差別の言動を戒めた判決」に関する『読売新聞』（二〇一三年一〇月九日朝刊：三）に、在特会側の言動を「人種差別撤廃条約が禁じる人種差別に該当する」とした京都地裁の判決を支持する社説が掲載されている。しかし、丁寧に読んでいくと、デモ参加者の言動が昨夏ごろから一層過激になった背景として、「韓国の指導者が竹島を訪問したり、いわゆる従軍慰安婦問題で日本政府を批判したりして、日韓の緊張が高まった時期に重なる」と韓国側に非があるかのような説明が加えられ、ヘイトスピーチの規制は表現の自由を損ね、正当な言論活動を萎縮させる可能性も否めないことから、法規制に慎重な政府の立場は堅持すべきだと結論づけている。

が不自由な保護者向けに、学校便りは日本語以外に中国語やタイ語など五カ国語で出す。（『日本経済新聞』二〇〇七年五月二八日朝刊：二）

特にこの記事では、「外国人子弟の問題をはじめ、母子家庭の増加、不登校、いじめ、ＡＤＨＤ（注意欠陥多動性障害）児、児童虐待、しつけ放棄など」日本人家庭においても、今日重大な問題となりつつある教育制度の欠陥とあわせて、複合的に指摘している（『日本経済新聞』二〇〇七年五月二八日朝刊：一）。その他には、増加しつつあるミャンマー人[10]、中国吉林省出身の朝鮮族による延辺料理のレストランの記事[11]、イスラム食品店やタイ家庭料理店など韓国以外のものを紹介する記事[12]などがある。

さらに、大久保を異文化タウンとして紹介しようとする記事[13]では、

コリアンタウンと呼ばれる大久保。だが、この街の魅力は韓国料理や韓流スターのグッズだけではない。アジアを中心に多様な国の人々が集い、学び、働き、暮らす。ここは異文化の宝庫だ。大久保にいれば、世界が見える。〔…〕ＪＲ新大久保駅を降りて左斜め前に進めば、イスラム食材店が軒を連ねる通りに出る。店主はネパール、インド、ミャンマー、バングラデシュと多国籍。インド人店主は、この一角のビルの四階にあるモスクの管理人も務める。〔…〕色々なことを教えてくれる街なのに、残念なのは日本人と外国人の交流が希薄なこと。最近ようやく地元の商店街や町会が韓国人ニューカマーの団体と接触し始めたが、それ以外の国の人とはほぼ没交流だ。（『日本経済新聞』二〇一〇年六月二六日夕刊：五）

と、まさに多文化共生社会を形成していくために根幹から必要となる「日本人と外国人の交流が希薄」であることを指摘している。

その一方で、複数のカテゴリーを絡めて「大久保」を捉えようとする記事には、犯罪など、悪いイメージを付与しながら描くものもある。

二〇〇三年九月二四日『毎日新聞』夕刊の「集団居住外国人を摘発　不法残留容疑、三回で一二八人―東京入管」では、「インドネシア国籍などの一五人を出入国管理法違反（不法残留）容疑で東京入管に強制収容した。集団居住の摘発は今年三件目で収容は計一二八人。この中には、2LDKに一三人がすし詰めで生活している例があった」（『毎日新聞』二〇〇三年九月二四日夕刊：九）と報じ、劣悪な居住状況で生活していることを指摘しつつも、それが犯罪の温床となっているような報じ方をしている。この記事ではさらに、「捜査関係者によると、以前は中国籍の集団居住が多かった。ところが国内に「中国人社会」が確立され、各地にアパートなどを借りて生活している身寄りを頼って入国するため、集団摘発が少なくなった」（『毎日新聞』二〇〇三年九月二四日夕刊：九）と報じている。

その他にも、本国で起きた事件とのつながりで「大久保」に住む「外国人」を報じるものがある[14]一方

[10]「いま新宿で（一）増えるミャンマー人―経済難の少数民族も」『日本経済新聞』二〇一〇年三月二三日夕刊：一八。
[11]「アジア人が集う街東京オオクボに住んでみる（四）国境超え働く中国朝鮮族」『日本経済新聞』二〇一〇年五月一日夕刊：五。
[12]「探訪　都の企業、新大久保非韓流編（上）イスラム食品店　信頼・人気　宗教超えて」『東京新聞』二〇一一年七月二一日朝刊：一〇、「探訪　都の企業、新大久保非韓流編（下）イスラム食品店　信頼・人気　宗教超えて」『東京新聞』二〇一一年七月二三日朝刊：一。
[13]「アジア人が集う街東京オオクボに住んでみる（一二）総集編」『日本経済新聞』二〇一〇年六月二六日夕刊：五。

で、風俗で働く不法就労外国人の存在を報じるもののように国籍があいまいにされた記事もある。[15]

最後に、階級格差と関連性をもつ記事を紹介しておく。「大久保」について報道する一五年分の新聞記事では、そこに住む人びとは多くの場合「外国人」で、次に登場するのは古くから住んでいる「日本人」商店経営者であり、それ以外の住人としてほぼ唯一登場していたのが貧しい日本人高齢者である。

二〇一一年一一月七日『毎日新聞』朝刊の「火災：アパートから出火　四人死亡、二人重体　単身高齢者多く―東京・大久保」で、「「韓流」ブームの中で注目を集めた東京・新大久保かいわいの住宅密集地」に、「住人は一人暮らしの高齢者が多く、生活保護を受給したり、体の不自由な人もいた」という記事が掲載された（『毎日新聞』二〇一一年一一月七日朝刊：二五）。同月九日、『東京新聞』でも「四畳半の災禍　新宿アパート七人死傷（上）住人の八割生活保護受給　家族も家もなかった　身の上問わぬルール」という見出しで、この火災は報じられている。ここでも同様に、「「韓流ブーム」でにぎわう東京都新宿区大久保。女性たちが長蛇の列をつくる韓国料理店やアイドルショップが軒を連ねる表通りから一歩路地へ入ると、昭和の名残がある住宅密集地が広がる。〔…〕新宿区などによると、アパート住民の二十三人のうち十九人が生活保護受給者」（『東京新聞』二〇一一年一一月九日朝刊：二七）と書かれていて、多くの場合、移民の集まる地域は貧困エリアであることを思い起こさせてくれる（Gilroy 2002）。[16] こうした記事は、階級とエスニシティを交錯させた視点を私たちに与えてくれている。

また、二〇一二年七月一八日『東京新聞』朝刊の「東京ほっとコラム　新大久保「イケメン通り」老人ホーム、都会の真ん中に」（『東京新聞』二〇一二年七月一八日朝刊：二三）では、イケメン通りに建っている都市型軽費老人ホームの様子をコラムのテーマとして取り上げている。

三　「大久保」の表象からみえてくるものとみえてこないもの

この一五年間だけをみても大久保地区に関する報道は、十分にされているとはいえないものの決して少なくはない。もちろん、記事のなかには「外国人犯罪」など「外国人」への悪いイメージを喚起するような報道も含まれているが、比較してみると大久保で生活する人びとの姿を好意的に捉え、紹介しようとする記事の方が格段に多かった。日本でも有数の「外国人」居住エリアを可視化させようとする報道姿勢については、ある程度評価することができる。

しかし、大久保地域に住む人びととマジョリティ集団である日本人との関わりという観点から書かれている記事はきわめて少なかった。両者の関わりについて書かれている記事の場合でも、古くから地元にある商店の日本人従業員の視点、韓流ブームの渦中にいる韓国人店員の視点、大久保地域を訪れる日本人女性の視点のそれぞれが交錯し、交流し、それぞれの視点を交換するような記事はほとんどみられなかった。たとえば、足繁く大久保地域を訪れる韓流ファンの人たちの意識下で、この地域への認識がどのように変化していったのか、また韓流のポップカルチャーを愛好することや人びととの関わりを通じて、韓国や日本で暮らす韓国籍の人びとへの意識やイメージがどのように変化していったのか、といった長期的な変化を示すような記事があれば、大久保地域を中心とする人びとの交流についてより複雑

［14］「「中国は大切な隣国」　ギョーザ問題を案じた小学生へ手紙」『朝日新聞』一九九八年三月二五日夕刊：一四。

［15］「不法就労：ヘルス店、容疑で摘発」『毎日新聞』二〇〇九年四月二三日朝刊：二三。

［16］第三章での議論を参照のこと。

に示すことができたのかもしれない。

最後に、大久保が新聞記事で表象された際の問題点をまとめてみる。

第一に、「多文化」や「共生」をキーワードにまとめられた記事であっても、取り上げられるマイノリティが特定のエスニック集団（大久保の場合は韓国系）に偏重していることや、そもそも日本におけるマイノリティであるエスニック集団と、その周辺を取り巻くマジョリティである「日本人」との社会的関係について、本章で紹介した記事では、ほとんど触れられていなかった。つまり、新聞報道においては、個々の集団の自明性が疑われたり、マイノリティ集団間の交流や混在が積極的に取り上げられたりすることはほとんどなく、たいていの場合、出身国や出身地に応じた既存のカテゴリーに属する存在として処理されてしまう。第一節でみてきたとおり、実際の大久保はマルチエスニックタウンであるにも関わらず、韓国籍の外国人と韓国文化を中心とする記事に偏向していた。つまり、「韓国系」という単一カテゴリー中心に、エスニックマイノリティ集団が構造化され、ジェンダーや世代や他集団と交錯させて記述されるようなことはほぼなかった。この点は、メディアによる表象が、わかりやすい物語に集中し、単一イメージへと単純化されていくことに原因があるのではないか。

第二に、時期ごとに特定の主題しか取り上げられていなかった。つまり、記事を編成する日本社会側の視点に基づき、事件や出来事やブームに応じて記事が書かれることによって、移住者たちの問題を連続的に捉える視点がどこにもなく、非連続的で一時的な集中報道しか行われていないということは、つねに継続中である多文化エリアのさまざまな問題を、解決にまで至ることなく忘却させてしまっている。

第三に、これは問題点であると同時に、多くの場合、マイノリティへの関心が喚起される際にしばしば起こりうることであるのだが、結局、資本主義の利益になる場合にしか注目が集中しないということだ。ここには、エスニシティと資本主義の交錯が表れている。特に、大久保地区の報道の場合には、「料理・美容・イケメン」の前景化と、それ以外の問題への非関与が目についた。これは、エスニックな文化を本質主義的に捉え、商品化し、消費するという、グローバルに起きている現象と重なっている。報道すべきことは、たとえ経済活動をきっかけとした多文化接触であるとしても、そこから人びとがどれだけの知識を得て、どれだけ相互理解が深まった／深まらなかったか、という点だったのではないだろうか。

第四に、イケメン（韓国人）男性とミーハー（日本人）女性という一面化と、それをまなざす視線がセクシズムで満ちていたという問題が、特に③の時期の報道に散見された。従来、日本社会において、日本人男性が日本人／非日本人女性を商品化して消費するという構造がセクシズムとして批判されてきた。[17]しかし、本章で扱ってきた報道で明らかになったのは、日本人女性が非日本人男性を商品化し消費するという構造が生じていて、さらに、その構造を日本人男性記者たちが侮蔑・揶揄していくという、ジェンダーとエスニシティが交錯し、差別的なまなざしが形成されていく地点である。つまり、男性と女性というジェンダーに基づく階層化に、「日本人」と「非日本人」という植民地主義的な階層化が重層的に加えられることによって、より複雑な差別の構造が生成されているといえるのではないか。

とはいえ、最近になるまで日本においてほとんど可視化されてこなかった、経済格差や言語能力によ

［17］江原［編］（一九九五）『性の商品化』勁草書房や Sexual Rights Project［編］（一九九九）『買売春解体新書―近代の性規範からいかに抜け出すか』柘植書房新社、などを参照のこと。

る不均衡な教育の問題など、今後の日本社会において重要になっていくだろう課題が大久保に関する記事を通じて取り上げられていた。こうしたことは評価するべきであるし、日本のメディアによる今後の「外国人」報道の指標となるものである。

【引用・参考文献】

稲葉佳子（二〇〇八）『オオクボ都市の力―多文化空間のダイナミズム』学芸出版社
江原由美子［編］（一九九五）『性の商品化』勁草書房
奥田道大・田嶋淳子［編］（一九九一）『池袋のアジア系外国人』めこん
C's（二〇一三）『新大久保スタイル miname』シーズ情報出版
ジェイアクト（二〇一三）『新大久保コリアンタウン　韓流ときめきガイド　東京でプチ勧告を１００％楽しむ』メイツ出版
Sexual Rights Project［編］（一九九九）『買売春解体新書―近代の性規範からいかに抜け出すか』柘植書房新社
チョムスキー・N&ハーマン・E・S／中野真紀子［訳］（二〇〇七）『マニュファクチャリング・コンセント―マスメディアの政治経済学　一』トランスビュー
中西美穂［監修］（二〇一一）『プチ韓国　新大久保完全ブック』泰文堂
中西美穂［監修］（二〇一二）『NEWプチ韓国　新大久保完全ブック』泰文堂
野間易通（二〇一五）『「在日特権」の虚構（増補版）』河出書房新社
朴　正義（二〇一四）『大久保コリアンタウンの人たち』国書刊行会
八田靖史［著］佐野良一［監修］（二〇〇九）『新大久保コリアンタウンガイド―電車で行けるソウル！韓食と韓流のすべて』晩聲社
hime（二〇一二）『食べて、笑って、恋をして。新大久保 コリアンタウン in Tokyo』中央公論新社

藤巻秀樹（二〇一五）「日韓・日中関係悪化と在日韓国・中国人―東京・新大久保と池袋を事例に」『移民政策研究』七、一九九-二一〇

まち居住研究会（一九九四）『外国人住居と変貌する街―街づくりの新たな課題』学芸出版社

メディアパル（二〇一〇）『大久保コリアンタウン・パーフェクトガイド　二〇一一』メディアパル

山下清海（二〇一〇）『池袋チャイナタウン―都内最大の新華僑街の実像に迫る』洋泉社

Gilroy, P. (2002). *There ain't no black in the Union Jack: The cultural politics of race and nation.* London: Routledge.

Hall, S., Critcher, C., Jefferson, T., Clarke, J. & Roberts, B. (1978). *Policing the crisis: mugging, the state, and law and order.* London: Macmillan.

【引用・参考ウェブサイト】

「コリアンタウン新大久保マップ」〈http://han.mource.com/topics/1301〉（最終閲覧日：二〇一六年六月二一日）

総務省統計局資料〈http://www.e-stat.go.jp/SG1/estat/List.do?lid=000001127507〉および〈http://www.e-stat.go.jp/SG1/estat/List.do?bid=000001053739&cycode=0〉（最終閲覧日：二〇一五年一月一〇日）

東京財団ホームページ〈http://www.tkfd.org/tokyo/tokyof/fsokubo.htm〉（最終閲覧日：二〇〇四年六月一三日）（現在アクセス不可）

東京都総務局人口統計課資料〈http://www.toukei.metro.tokyo.jp/gaikoku/2015/ga15010000.htm〉（最終閲覧日：二〇一五年一月一〇日）

第六章　「風景論」再考
――交錯する風景『サウダーヂ』

高　美賀

一　はじめに

土方、移民、HIPHOP この街で一体何が起きている?! 不況と空洞化が叫ばれて久しい地方都市。〝中心〟街。シャッター通り、ゴーストタウン。それがアジアＮＯ１の経済大国と呼ばれた日本の地方都市の現状である。しかし街から人がいなくなったわけではない。崩壊寸前の土木建築業、日系ブラジル人、タイ人をはじめとするアジア人、移民労働者たち。そこには過酷な状況のもとで懸命に生きている剥き出しの〝生〟の姿があった。街そのものをテーマに、実際にそこで生活している人々をキャスティングしてつくられたこの作品には、これまで日本映画ではあまり描かれる事の無かった移民たちの姿が描かれている。特に一〇〇年前に日本からブラジルに渡った日本人の子孫たちのコミュニティーは国内において大きな規模を成している。移民の問題は世界的な課題であり、そこでは差別や経済格差、文化間の衝突は避けられない。[1]

これは、二〇一一年に公開された映画『サウダーヂ』（監督：富田克也）の紹介文である。山梨を舞台にした『サウダーヂ』は、土方[2]一筋に生きて来た四〇代の精司と、二〇代で「派遣」の土方として働くヒップ・ホップバンド、アーミー・ヴィレッジのリーダー猛を中心にした群像劇であり、彼らをとりまく多様なキャラクターが登場する。精司のガールフレンドであるタイ人ホステスのミャオやブラジル人といった外国人だけでなく、自己破産してパチンコ中毒の猛の両親、精神障がいをもち、引きこもってネット右翼の世界にはまる弟、異文化共生の「クール」なプロデュースを目指す元ガールフレンドマヒル、金持ち相手のエステティシャンで政治家の後援会活動にはまっていく

図6・1　『サウダーヂ』から

図6・2　『サウダーヂ』から

［1］『サウダーヂ』公式ホームページ〈http://www.saudade-movie.com〉（最終閲覧日：二〇一四年一月一五日）。

［2］「土方」という言葉は「差別用語」とみなされることもあるようだが、本章では映画内で使われる言葉として「土方」と記す。

精司の妻や、ビンと呼ばれるタイ帰りの日本人、あやしげな水ビジネスや売春業を手がける男など、登場する日本人も実に多様である。こうした多様な人物の関わり合いやすれ違いがエピソードとして紹介されていき、最後は猛がブラジル人ラッパー、デニスをナイフで刺し逮捕されて終わる。

『サウダーヂ』という映画は、「街が主人公の映画」であり「風景と人間が同等になるように」撮ったと本作品の撮影・編集を担当した高野貴子（二〇一一：一九）が述べているように、多様な背景をもつ登場人物と並んで『サウダーヂ』の最も重要な要素は、舞台となった山梨県甲府の「風景」である。本章は、不況によってシャッター通りと化した中心街、団地、郊外の土木現場、大型スーパー建設予定地、コンビニの駐車場、国道わきに立ち並ぶカラオケボックス、ナイトクラブなど、地方都市の「風景」の中に映し出される〈交錯〉を考察する試みである。『サウダーヂ』の風景に取り込まれている移民労働者と〈日本人〉の関係、ジェンダー、階級、記憶等に注目し、これらがいかにグローバルな資本主義の網目の中で交錯しているのかを明らかにするのが本章の趣旨である。特に、監督の富田が前作『国道二〇号線』（二〇〇七）で影響を認めている、[3]一九七〇年代初頭に注目された「風景論」を読み直し、現代の「風景論」の映画的実践として、『サウダーヂ』の「風景」＝ランドスケープ＋登場人物＋サウンドスケープを考察するとともに、「風景論」におさまりきらない映画の想像・創造力にも目を向けたい。

二　一九七〇年代の「風景論」

まず、本章が考察の枠組みとして依拠する一九七〇年代初頭に現れた「風景論」とは何か、その概略を簡単にまとめておきたい。一九七〇年代の「風景論」は、一九六八年末から一か月間、東京、京都、函館、名古屋と移動し四人を射殺した永山則男（当時一九歳）を扱ったドキュメンタリー映画『略称・連続射殺魔』（一九六九年製作、一九七四年公開。監督：足立正生、製作：松田政男）の製作に関連して、批評家・理論家でもあった松田政男の一連の執筆活動を契機に生まれた。体系的、学術的に理論化されたわけではないものの、映画や、中平卓馬を中心とした写真の分野で活発に議論された。

「風景論」というものがそれ以前になかったわけではない。近代日本が立ち上がった日清戦争時には、日本における近代的風景論の先駆けとして志賀重昂が『日本風景論』（一八九四）で日本の国土を賛美し、日中戦争から第二次世界大戦に突入していく昭和一〇年代にも脇水鉄五郎の『日本風景誌』（一九三九）や上原敬二による『日本風景美論』（一九四三）などが書かれていることからもわかるように、日本社会の節目、つまり、従来のシステムが行き詰まり新たな展開が始まる時に「風景論」はでてきていたので

［3］富田は、『略称・連続射殺魔』の共同監督であった足立正生とのトークショーのなかで、『国道二〇号線』の撮影後の編集段階で、映画の終わらせ方に困り試行錯誤していた時にひらめきを得た映画が『略称・連続射殺魔』であり、『略称・連続射殺魔』で車窓からとらえられた風景が強く印象に残っており「これだ！」と思って、国道二〇号線を走る車の中からとった道路脇に立ち並ぶATMやパチンコ屋などの風景をひたすらみせるエンディングにしたと語っている。このトークショーの内容は『映画芸術』ホームページ内、「荒井晴彦の映画×歴史講義番外編『国道二〇号線』」で読むことができる。

ある。したがって、戦後高度経済成長を達成し安定成長期に入った一九六〇年代終わりに再び「風景論」が立ち現れたのは不思議なことではなかったかもしれない。しかし、松田の「風景論」とそれ以前のものには大きな違いがあったということに注意を向ける必要がある。日本賛美、またナショナルアイデンティティーの根源として風景をとらえるナショナリステリックな基調であった以前のものや、一九七〇年に国鉄が「美しい日本と私」というサブタイトルをつけて展開した「ディスカバー・ジャパン」という旅行促進キャンペーンの回顧主義・消費主義的な傾向とは異なり、松田は、風景を国家権力のテクストとして批判的にとらえた。しかし、「風景論」はその後、都市生活のイメージ論へと回収され、ディスカバー・ジャパンに続く一九八〇年代の新たなキャンペーン、エキゾチック・ジャパンなど、保守的かつ資本主義的な攻勢によって、その批判力を剥奪されていった。

「去年の秋、四つの都市で同じ拳銃を使った四つの殺人事件があった　今年の春　十九歳の少年が逮捕された　彼は連続射殺魔とよばれた」というトップ・タイトルではじまる『略称・連続射殺魔』は、通常のドキュメンタリー映画とは異なり、北海道・東北・関東・東海・近畿という永山が生まれてから逮捕されるまでの人生の軌跡を追体験し、そのなかで見てきたであろう「風景」だけを淡々と写し出したものである。松田（一九七一：一二）は、この追体験によって、永山の犯罪の要因を彼が生まれ育った網走や青森という「北国の暗い風土」にあるという当時のイメージを裏切られたと書いている。さらに「北国の荒涼とした空」が永山に殺意を抱かせたのだという青森出身の寺山修司の発言を「中央＝豊穣、地方＝荒涼」という地方出身の亜インテリたちのステレオタイプな発想として、中央と辺境を対比させる二分法的な図式を否定し、次のように主張する。

中央にも地方にも、都市にも辺境にも、そして〈東京〉にも〈故郷〉にも、いまや均質化された風景のみがある。私たちが、かりに津軽平野に広漠と連なるリンゴ園を見たとしても、それは決して緑の森林としてでなく、白くまだらに汚れた農薬の撤布がただちに私たちの灰色の首都を連想せしめているものとしてしか映じないのだ。むろん〈荒涼とした空〉とは、スモッグの漂う私たちの宙点の呼び名でもある。私たちは、こうしてオホーツクの沿岸にも東北の平野にも、永山則夫を育んだであろうところの〈故郷〉を発見することができなかったのだ。私たちは、まさに小さな〈東京〉を見たにすぎぬ。（松田一九七一：一二）

つまり、松田は東京と地方の格差や差異ではなく「均質化」にこそ問題をみたのであり、均質化された風景が「国家権力のテクスト」（津村 一九七一、松田（一九七一：二七〇）に引用）であることを提起したのである。

私たちは、高度独占集中の真只中で、日本列島全体がさらに巨大な都市に変貌しようとしている転形期に生きている。〔…〕戦後二〇年間に国民総生産世界第三位までのしあがった日本資本主義がこの列島の上に投下せしめた資本総額が三十兆ないし五十兆円として累算されていることを考えるとき、次の二〇年間のその十倍の投資が日本列島の巨大都市化をますます促進させるであろうことはもはや疑う余地はない。（松田 一九七一：二一〇）

松田は、風景を「敵対してくる〈権力〉そのもの」（松田 一九七〇：一二三）とみなし「おそらく永山則夫は、風景を切り裂くために、弾丸を発射したに違いない」（松田 一九七〇：一二三-四）と主張する。平沢剛（二〇一三：三二九）が解説しているように、風景論は「国家＝権力論」であり、その権力とは「国家、権力機構のみならず、資本主義」の「複合的な集合体」であった。資本主義の攻勢が地域の特性や文化を均質化させたことを看破し、「永田町や霞が関といった大文字の政治的空間ではなく、何の変哲もない日常的な風景のなかに国家権力と資本主義の構造を透視する」（平沢 二〇一三：三二九）ための「風景論」の映画的実践として『略称・連続射殺魔』はつくられたのである。

三　『サウダーヂ』の風景

先の引用で松田が「日本列島の巨大都市化」を予測したとおり「次の二〇年間」で日本経済はさらに拡張し、バブルエコノミーを経験することになる。しかし、一九九一年にはバブルが崩壊し、一九七三年から続いていた安定成長期も終焉を迎えた。『サウダーヂ』はそこからさらに二〇年たった二〇一一年に公開されている。映画製作のための調査が開始された二〇〇八年後半は、北京オリンピックが終わりリーマンショックが起こった頃であった。このような経済不況のなかで撮られた『サウダーヂ』が映し出すのは、巨大都市化した日本列島が衰退した風景なのである。郊外の土木作業場、国道沿いのATMやパチンコ店、ブラジル人向けの小売店、さびれた商店街、飲屋街の路地、若者が集まるナイトクラブ、老人ホーム、タイパブ、団地、大型ショッピングモール建設予定地、郊外の大型量販店など、『サウダーチ』が映し出す風景はさまざまだが、地方都市の風景として珍しいものではない。こうした風景は、そのどれかが特に強調されるというわけではなく、同時に、登場人物の背景にかすんでしまうこともなく、そこで暮らし、働く日本人、ブラジル人、タイ人とともに強い存在感をもって映し出されている。

●三・一　風景としての登場人物

一九七〇年代の「風景論」において、松田は「人間たちが立ち去ったあと風景が残る」（松田 一九七一…二八二）と書いている。高度経済成長政策の最中、中卒の少年少女が、「金の卵」と呼ばれる低賃金労働力として地方から大都市に集団で送られていた時代に、その一人であった永山が見た風景を追った『略称・連続射殺魔』や松田の「風景論」には、そうした若年労働者たちを都市風景の一部とみなす視点はなかった。また、映画における表象研究では、登場人物が「風景」として描かれると主張する際、その人物の経験や主体性（subjectivity）が問題にされず、他の主要人物の物語にコンテクスト・背景として奉仕する存在であることを示唆する場合が多い。しかし、風景の権力性に注目するならば、建物や景観と同様に風景の一部に含まれているのが誰なのか考えることはきわめて重要であり、『サウダーヂ』の考察には、風景と人間は切り離すことができない。街そのものをテーマに、実際にそこで生活している人びとをキャスティングしてつくられた『サウダーヂ』は、フィクション映画でありながらドキュメンタリーの要素も強い。『サウダーヂ』が映し出す山梨県の風景は、映画の物語のなかでも、映画の外の現実においても、新自由主義経済の恩恵を受けることのない日本人非正規雇用労働者やブラジル・アジア諸国からやってきた移民が見た風景である。しかし、同時に、彼らは重要な風景の構成要素でもあるのだ。先に紹介した編集の高野の言葉にあるように、街の「風景」が主役である『サウダーヂ』のカメラは、人物をクローズアップでとらえたり、彼らの視点ショットを撮ることもほとんどなく、つねにある程度の距離をとり、引いた位置から風景の一部として彼らを映し出すのである。また、清司や猛が物語上の主人公ではあるものの、『サウダーヂ』の表現の本質は中心のない構図であり、特定の人物の経験に焦点があてられるのではなく、移民労働者を含む、街全体の状況が風景として凝視されているのである。古畑百合子（二〇〇七）は、『略称・連続射殺魔』が、ポスト工業化時代に達した日本の構造上の変化の現れとして「風景」をとらえたことを指摘しているが、『サウダーヂ』の移民労働者を含む風景は、国境を越えて必要な労働力を取り込む「越境する雇用システム」（丹野二〇〇七：二）や、入管法の改正などグローバル化のもとで（そしてそれを利用するために）生じる社会制度の変化とその背後にあるグローバル資本主義のテクストであるといえるだろう。

●三・二　団地の風景からみえるもの

『サウダーヂ』にあらわれる重要な風景の一つに団地がある。その風景を四〇年前、いや三〇年前の風景と比べてみれば、さまざまな違いがみつかるだろう。集合住宅としての団地には、都営、県営、市営などの公営のもの、都道府県の住宅供給公社が建てたもの、一九五五年に発足した日本住宅公団（現在のUR）、社宅や公務員住宅が含まれるが、その多くは一九五〇年代、一九六〇年代の高度経済成長期に建てられたものである。『サウダーヂ』に登場する山王団地も、一九七四-六年に建設された実在の公営（県営）住宅である。現在では、建物の老朽化や住民の高齢化による孤独死問題などネガティブな要素がクローズアップされがちであり、低所得者のための住居というイメージが団地にはあるかもしれない。しかし、原武史（二〇一二：一二）が指摘するように、団地が登場した当時、それは多くの日本国民にとって「憧れの存在」であり、新中間階級家族の理想であった。[4] また、外観、内部の構造ともに均質な設計によって「標準化[5]」が図られた（大山 二〇〇八）。団地が日本各地に建てられたことが、「風景論」のなかで松田が問題化した「風景の均質化」に大きく貢献したことは間違いないだろう。また、団地は、核家族、標準化されたサラリーマン労働体系、家電生活の普及による生活の均質化など、国民を労働、消費、再生産の主体として監視、規律化、規格化するイデオロギー装置であり、その風景はまぎれもなく〈権力〉のテクストであったといえる。

『サウダーヂ』に登場する山王団地には昔のような輝きはない。そこは、過去の輝きの残滓、猛と幸彦の懐かしい幼少時代と、多くのブラジル人が生活し、また去って行く現在が交錯する場所でもある。

[4] 原によると、団地は当時、「今日からは想像もつかないような輝きがあった。団地の人気は極めて高く、三十回続けて抽選に落ちる人も珍しくなかった」ようだ。夫婦の寝室と子供部屋を確保する団地の代表的な2DKの間取り、ダイニング・キッチンや水洗トイレ、浴室などモダンで洋風かつ衛生的な住居スタイルは、新中間階級家族の理想だったのである。

[5] また原は、一九五九年に東京北多摩の団地に入居した文芸評論家の秋山駿が『舗石の思想』（二〇〇二）に記した次のような文を引用して、団地が均一化したのは外観的風景だけではなかったことを指摘している。「人間の生活がかくも千篇一律の光景を呈するとは、私は思っても見なかった。〔…〕まず水の音がして、人の影が動き、窓を開け、子供達の声が騒いで、食事が始まる、といった日常の儀式から、その後、掃除、洗濯、買い物、夕べの団欒と続いていくのだが、その食卓の位置、洗濯機の置き場所にしても、ほとんど寸分の相違もないのである。全てよく似ている二十四の同じような人間が、すべてよく似ている同じような生活の光景を展開している、というのでは、これほど飽き飽きする見物はあるまい」（原 二〇一二：一二三）。

山王団地のシーンをいくつかみていこう。

猛が両親・弟と暮らす一間のアパートに戻ると、仕事を辞めたらしいパチンコ中毒の父母が足の踏み場もないほど散らかった部屋の床で眠り、弟の幸彦が暗闇の中で写真アルバムをめくっている。「お兄さん、覚えていますか、山王団地です。懐かしいじゃないですか」と幸彦が差し出すアルバムに貼られた写真には、猛と幸彦の幼少時代であろう二人の子供が団地の建物や遊技具を背景に写っている。二人の年齢から、写真はおそらく一九八〇年代半ばのものと考えられる。とりたてて幸福感に満ちているというわけではない平凡な写真ではあるが、そのアルバムを広げる現在との対比で二人が経験した一九九〇年代が推測されることになる。「僕は最近そっと行ってみるんです」という幸彦の言葉で、次の画面にカットされ山王団地の前に立っている幸彦の姿がスクリーンに映し出される。背景に映る山王団地のベランダには洗濯物が干してあり、写真に写った団地の様子とさほど変わりはないものの、幸彦の視点の定まらないような表情と「人間の秘密は過去ですよ」というエコーがかかった言葉によって平凡な団地の風景に奇妙な違和感がただよう。再び部屋の中にカットされ、「今は外国人に占拠されてしまいました」「あのブラジル人どもだろ、殺してぇ」という二人の会話が続けられる。次のシーンではカメラは山王団地に戻るが、その際には前のシーンに漂っていた違和感のようなものはなくなり、敷地内の日常、子供を連れて歩く母親の姿、バスケットをする青年、駐車場で遊ぶ少女達が淡々と映し出される。猛や幸彦の幼少時も繰り広げられていたであろう風景でありながら、現在の山王団地の光景が二〇年前とは明らかに異なっているのは、そこに映し出される住民がブラジル人であるということである。

次のシーンでは、団地近くのブラジル系スーパーの前で、二人のブラジル人男性がポルトガル語でレイオフされたことや、不況によって失業した仲間たちが子供を学校に行かせるお金もないという現状を語り合っている。その一人は山王団地自治会長であるファボンであり、場面はそこでカットされ、次のシーンでは彼の自宅の夕食の風景が映し出される。電気ポットや炊飯器が並べられた団地のダイニングの食卓で、ファボンと妻、二人の娘たちが食事をしながら、今日はどこのプールに行ったのかなど日常のとりとめもない話をしている。どこにでもある団地に住む家族の団欒の光景であるが、ファボンの妻はフィリピン人であり、家族の会話はポルトガル語、日本語、英語、タガログ語でなされている。この家族は、ファボンを演じたブラジル人男性の家族で、彼らが実際に生活する団地の一室で撮影されたものであり、フィクション映画の一シーンではあるものの、彼らの日常生活のドキュメントでもある。このシーンで登場人物に台詞として伝えられていたのは、ファボンの「そろそろブラジルに帰らなければならないかもしれない」だけであった。彼がその台詞を口にすると、娘の一人が「パパー、ブラジルどこー？」と日本語で聞き、妻は、「ブラジルへ行ったらフィリピンは遠い」と口にする。妻は二人の娘に「ブラジルは日本から二二時間もかかるから、行ったら日本へはなかなか戻れないの」と英語とタガログ語を交えて語りかける。この夕食風景のシーンが興味深いのは、団地内の五〇年前とほとんど変わらぬ空間に、出身国の異なる夫婦と日本で生まれたであろう子供たちがいることや、異なる言語が日常会話のなかに交錯していることである。さらに夫、妻、子供たちは、「帰る国＝母国」や「母語」を共有していない。ファボン家の食卓の風景はブラジルでもフィリピンでも日本でもなく、また、これらの集合体でもない。それはむしろ、H・K・バーバが「第三の空間」(third space)（バーバ 二〇〇四：五五）と呼ぶ、差異の「中間領域」であり異種混淆的な場といえるだろう。同時に、家族の夕食という親密圏のなかにある見慣れた風景に違和感がつくり出され、その違和感こそが日本の地方都市に存在するグローバルでトランスナショナルな世界を表象しているのである。バーバの言葉を借りるならば、ファボン一家の夕食の光景は、「「多国籍」というよりは、この移行し孵化しつつある時代に特有の形象」（バーバ 二〇〇二：二二九）であり、現代の「新しい地理、新たな人口動勢の指標」（バーバ 二〇〇二：二二九）ともいえるのだ。

実際に、映画の撮影時、山王団地の八割の住民は外国人であったといわれている。[6] フィリピン、タイ、ペルー出身の者もいたがほとんどはブラジル人であった。バブル景気・崩壊へと続いた一九八〇年代の急激な経済成長期、日本の中小企業は労働力の不足を補うために外国人労働者の雇用に目を向けた。特に日系ブラジル人労働者は、一九九〇年の改正入管法によって二世、三世およびその配偶者にまで在留資格が認められることになり、地方工業都市を中心に急激に増加した（大久保 二〇〇五：二〇）。しかし二〇〇八年のリーマンショックによる経済不況にともなう非正規雇用の打ち切りによって、失業し帰国する者が相次いだ。サウダーヂの舞台となった山梨県も例外ではなく、『サウダーヂ』撮影時は、一九九〇年代以降急速に増加し二〇〇七年に最盛期を迎えていたブラジル人出稼ぎ労働者が、不況で仕事を失い帰国しはじめた時期でもあった。監督の富田は、ブラジル人出演者がいつ帰国してしまうか、という危機感のなかで撮影が行われたことを回想し、二〇一一年に行われたインタビュー時には、『サウダーヂ』に出演したブラジル人のなかで日本に残っているのは一名だけであると語っている。映画の中盤には、ファボンが帰国のために団地を出る友人を見送るシーンもある。しかし、『サウダーヂ』は、不況のなかで失業し、生活苦に陥ったブラジル人の個々の経験や苦悩をメロドラマ化することはない。むしろ、団地（日本）を去っていく姿を、カメラを引いて風景の中に取り込むことで感情的な陶酔を避け、そのような風景を作り出す資本主義世界経済システムや支配と従属をともなう不可視の社会・経済的関係を可視化させるのである。

四　交錯するサウンドスケープ

団地、土木作業場といったランドスケープや登場人物とともに『サウダーヂ』の「風景」を構成する重要な要素としてサウンドスケープにも注目する必要がある。ファボン家の夕食のシーンで四か国語が飛び交っていたことはすでに指摘したが、映画全体を通して、ポルトガル語やタイ語などの外国語だけでなく、ポルトガル語と日本語のミックス、日本語であっても外国人なまりのあるもの、山梨弁、若者言葉、中産階級的な人物によって話される「標準的（東京的）」日本語など、エスニシティ、階級、世代の異なる言語が『サウダーヂ』のサウンドスケープには交錯している。

しかし、交錯しているのは言語だけではない。ヒップ・ホップから一九八〇年代のＪ‐ＰＯＰ、演歌、タイの民謡など、異なるジャンルのさまざまな音楽も『サウダーヂ』のサウンドスケープの存在感ある構成要素となっている。こうした音楽のほとんどは、ＢＧＭではなく物語世界（digesis）に属しており、一見、映画のなかに肉体的・機械的音源をもたないような場合でも、登場人物の記憶や感情によって再

［6］「富田克也監督インタビュー、映画『サウダーヂ』。私たちの足元に故郷はない」〈http://fashionjp.net/highfashiononline/hf_selected/movie/saudade111019.html〉（最終閲覧日：二〇一四年二月二四日）。

現されていることが多い。音楽は、別の音楽や、ランドスケープ、記憶、アイデンティティと交錯し、サウダーヂの「風景」となっているのだ。

●四・一　山谷の記憶を引き継ぐヒップ・ホップ

まず、清司とビンにタイパブに連れて行かれた猛が帰りに一人で街を歩くシーンをみてみよう。猛は、大通りに面した夜の商店街の歩道に座りギター片手に『山谷ブルース』を歌う初老の男の前で立ち止まる。このシーンでは、カメラは後方から手前に歩いてくる猛を捉え、山谷ブルースを歌う男は画面左の手前に映っている。男の足下に置かれた缶に小銭を投げると猛は再び画面手前に歩き出す。「工事終わったらそれっきり、お払い箱の俺たちさ。どうせ山谷のたちんぼ。他にやることありゃしねえ」と歌う山谷ブルースは、山谷で働く日雇い労働者の苦悩を歌ったフォークソングで、岡林康夫が一九六八年に発表し大ヒットした。このシーンでは、派遣労働者として土木現場で働く現代の若者、猛の経験に一九六〇年代の日雇い労働者の経験が重ねられる。山谷ブルースを歌う男は、「過去の亡霊」ではない。経済成長のシステムのなかで不可欠でありながら末端に位置づけられてきた「雇用なき労働力」は、現代の新自由主義システムにおいて派遣切り、雇用止めのリスクにさらされる非正規雇用労働者である現在の猛の姿と重なり合っている。また、年齢とともに肉体の衰えによって悪条件の仕事すら得ることができなくなるときの未来の姿でもある。猛は『山谷ブルース』を背後に聞きながら、まるでカメラに向かって語るかのように、タイパブに連れて行かれて一日の稼ぎがとんでいったと不満を独り言で吐き出す。ここで一度、猛がフレームアウトしカットされる。続くシーンでは左側からフレームインし、カメラはアーケード街を歩く猛を追う。猛の独り言は次第にライムを踏みラップとなり、「数十年前の昔、活気あって羽振りバブリ良かったおっさんたちが肩で風切ってウォーキング。それも一転、今じゃシャッターもみんな閉まって閉店」と猛が歩きながら歌う背景に、文字通りシャッターが下りた商店が映し出される。一九九一年の大規模小売店改正によって全国チェーンの大型店が各地郊外へ進出し、自由競争において小売商店を打ち負かし、郊外の景観と中心街のシャッター通り化という新たな風景の均質化を日本各地にもたらした。『サウダーヂ』の他のシーンで映し出される郊外に大きく「そびえたつ」量販店や、大型ショッピングモール建設に向けて更地化された広大な敷地とともに、本シーンでトラッキングショットがとらえた延々と続くシャッターの閉まった商店の風景は、新自由主義経済による市場原理主義という〈権力〉の図でもあり、猛のラップには明らかにバブル経済期に甲府を含む各地でみられた大型再開発とその後の破綻に対する揶揄と苛立ちを表している。つまり、『山谷ブルース』に込められた苦悩と社会批判が、猛のラップに引き継がれているのだ。

『山谷ブルース』はフォーク、猛のラップはヒップ・ホップであり、社会批判を取り込む音楽ジャンルは異なるものの、それぞれ時代の若者文化・サブ（またはアングラ）カルチャーを利用するという点では共通している。しかし、両者の政治的文脈が異なっていることにも注意を向ける必要がある。『山谷ブルース』の背景にある左翼的な思想とは対照的に、「この辺一体は外人さんたちが住む、そのうちの一人が俺のオヤジの金を盗む、おかげで俺は毎日が戦争」という歌詞や、映画のなかで繰り返される猛や仲間の外国人嫌悪的《ゼノフォビック》なセリフ、バンドの溜まり場であるアパートの壁に貼られた「皇室写真」がしめすように、猛のラップが紡ぎだす若者のフラストレーションは、「ネット右翼」的な思想に結びついている。これは、定住する住居をもたない若い世代の日雇い労働者が、昔ながらの寄せ場の「ドヤ」ではなく「ネットカフェ」に寝泊まりする「ネットカフェ難民」の増加とも無縁ではないかもしれない。ネットカフェ難民ではないものの、猛は、家族、家庭としての機能が崩壊した閉塞的な住居で、「2ちゃんねる」にのめりこむ弟とともに暮らしている。『山谷ブルース』と猛のラップは、同じ苦悩と怒りを共有し重なりつつも、政治的な思想においては正反対を向いているのである。交錯しつつもすれ違うという関係性は、猛と若い世代のブラジル人移民との関係においても重要である。定職なく音楽で自己表現を試みる猛とブラジル人ラッパーデニスの境遇には共通点があり、彼らの経験には交錯するものがある。しかし、猛は、国家権力やグローバル資本主義という共通の〈敵〉ではなく、可視化された身近な他者としての外国人に怒りの矛先を向けてしまうのだ。

●四・二　音楽が喚起するバブルの記憶

音楽は他のシーンにおいても重要な役割を果たしている。『山谷ブルース』や猛のラップは資本主義経済の日陰の声ともいえるが、『サウダーヂ』は、両者の中間にあったバブル経済の記憶を音楽によって喚起する。仕事を失った清司は「一緒にタイに行って暮らそう」とミャオに提案するが、彼女は清司が（そしておそらく多くの日本人が）タイにもつ甘い幻想とステレオタイプ——一年中暖かい、のんびりしたいい人ばかり、物価が安いから遊んで暮らせる——を馬鹿みたい、と切り捨て、タイの家族を養うためにはお金が必要でそのためには日本で働かなければならないのだ、と申し出を拒絶する。ミャオに拒絶されたあと、清司が閑散とした飲み屋街を歩くシーンにまったく音はない。しばらくするとバックグラウンドに小さな鈴の音が聞こえ、通りのすみに三人の男が立っている。彼らはシルエット状に黒くぼんやりとまっすぐ立っているが、彼らが一人ずつ振り返り、スポットライトのようなライティングに照らし出されている清司に向かって手招きをすると、車やオートバイのエンジンを吹かす音とともに、BOØWYの『わがままジュリエット』が大音量で流れてくる。音楽はそのまま続くが、場面はカットされ、人で賑わい、暴走族たちがエンジンを吹かしクラクションを鳴らしながら行進する大通りを歩く清司がトラッキングショットで映し出される。ここで対比されているのは、前シーンの寂れた飲み屋街と活気ある大通りではない。三人の男が手招きして誘いこんだのは、『わがままジュリエット』が流行った一九八六年、つまりバブルエコノミーに突入していった時代——夜の街はキラキラと輝き活気があり、土木産業は栄え、清司自身が精力的に働くことができた過去——なのである。音楽とともに歩き続ける清司が立ち止まると、それまで輝いていた夜の街は再び暗闇に包まれ音楽も途絶える。夢から覚めたような清司のクローズ・アップが次のシーンにカットされると、カメラは真っ暗な通りに立ちすくむ清司を後ろから捉える。清司は歩き出し、音のない暗闇に消えて行く。このシークエンスは、清司の過去（バブル時代）、不安定な現在、そして先行きの全くみえない未来を、音と空間（風景）で指し示しているのかもしれない。

●四・三　移民の記憶を語る〈声〉

『山谷ブルース』や『わがままジュリエット』など、〈音楽〉と結びつけられた一九七〇年代、一九八〇年代の記憶とともに『サウダーヂ』が喚起し、現在との交錯を指し示す重要な歴史に、老婆の〈声〉

によって語られる、二〇世紀初頭における日本人のブラジルへの移民の記憶がある。老人ホームに新しく入所した老婆は、そこで働くイエーダがブラジル人であることを知ると、「うちのおにいさんもね、むかーしブラジルへ行ってごやっかいになりました。その当時はね、日本からもおおぜいブラジルへ行ってみなさんのごやっかいになりました」、「とても貴重だったコーヒーを送っていただきました」と、ブラジルへ移民した自分の兄のことを語りはじめる。現在日本で働く多くのブラジル人が日系のルーツをもつことは「知識」としてはよく知られているものの、その記憶が語られる機会は多くはない。非常に短いシーンではあるが、ブラジル移民一世の思い出が、解説調のボイスオーバーなどではなく、また、流暢に語られる劇映画の台詞調でもなく、時には記憶をたぐりよせるかのように言い淀んだり、言い直したりする老婆の生の声を与えられることにより、身近で具体的なものになっている。さらに、老婆とイエーダが握り合う手や、仕事を失って帰国するブラジル人が山王団地を去っていく次のシーンによって、ブラジルへわたった日本人移民と、それから一世紀後に、日本へ出稼ぎにきた日系ブラジル人の経験を交錯させているといえよう。

五　不況とマスキュリニティ（男性性）の危機

バブルの記憶をもつ清司をとりまく不況、失業という経済的状況は、ジェンダーの問題と深く結びついている。派遣であり土木の経験のほとんどない猛やビンとは異なり、清司は、小さいながらも親方が率いる伝統的な「組」に属し、土方一筋に生きてきた男である。重機が故障した際、上半身裸になって率先して手掘りを行うように、清司は土木作業における自らの経験や技術そして身体に誇りをもっており、肉体労働は彼の男性性《マスキュリニティ》の基盤であるといえるだろう。したがって、不況による土木建設業の衰退によって引き起こされた現場（仕事）の減少と最終的な組の解散（失業）は、彼の男性性《マスキュリニティ》を不安定にし、決定的なダメージを与えることになるのだ。清司は、損なわれた男性性《マスキュリニティ》の問題を二つの形で解決しようとする。一つは、妻の否定と彼女に対する暴力であり、もう一つは、タイ出身で出稼ぎホステスとして働くミャオとの関係である。

衰退する産業のなかで職も社会的役割も失っていく清司と異なり、妻の恵子は、エステティックサロンというサービス産業で比較的安定したキャリアを築き、人脈を拡げ、政治家の後援活動を通して広い社会との関わりを見い出していく。しかし、変わりゆく社会・経済環境に巧みに適応していく恵子のポジティブさとアクティブさは、薄っぺらで、馬鹿げていて、胡散臭いものとして描かれる。恵子だけではない。「異文化共生」プロジェクトに励む東京帰りのマヒルの描かれ方も同様である。浅膚ではあるものの、何とか目の前の現実を改善しようとする女性に、清司を含む男性キャラクターだけでなく映画自体もいささか悪意のある目を向ける。[7] しかし、そうした女性嫌悪《ミソジニー》的な視線こそ、男性性《マスキュリニティ》の危機を暗示しているといえるだろう。社会で巧く立ち回り、失業した夫に代わって「私が頑張る」と宣言する恵子

［7］『サウダーヂ』の女性表象に関してはカメラを担当した高野も問題視していたようだ。脚本の第一稿を読んだ後、女性キャラクターが「男の哀れみ悲しみを引き立てる装置になりさがっている」と高野に批判されたことを富田は認め、その批判を踏まえてシーンの追加を話し合い、恵子やマヒルの一人のシーンを随所に加えたことを、インタビューで話している。こうした経緯は、高野・芹澤・富田（二〇一一）「スペシャルトーク―可能性のある風景」『NOBODY』三六、一四-二一、富田ほか（二〇一一）「サウダーヂ―宵闇の甲府で起こったこと」『映画芸術』四三六、三八-四五、に掲載されている。

は、清司にとって、保守的な男女の役割分担を基盤とした自身の男性性の危機を見せつける鏡でもある。そうした伝統的な男性アイデンティティや男性性にまつわる不安や劣等感を克服するために、恵子を浅はかで胡散臭いものとして拒絶するとともに、暴力で自らの男性性《マスキュリニティ》を誇示することになるのだ。

一方、タイ人ホステスのミャオは清司が失われた男性性を再現できる対象である。清司にとってミャオは、家族のために出稼ぎホステスとして働く、健気で守るべき女性であり、彼女との関係によって自らの男性性を再確認することができるのである。一九七〇年代に、旧国鉄のディスカバー・ジャパンキャンペーンを「前近代への優越感を最大限に利用する」として批判し、松田とともに「風景論者」であった中平卓馬は、「都市において抑圧され続けているものにとって自分よりさらに下があるということを発見するのはおそらく心楽しいことであろう。それが事実でなくてもかまわない、そのように錯覚すること自体が自らの抑圧的状況を一瞬の間でも忘れさせてくれる」（中平 二〇〇七：二七一−三）と書いている。清司がミャオやタイという国に惹かれるのも、抑圧的状況からの逃避といえるかもしれない。

しかし、清司がミャオに投影するノスタルジックともいえる感傷は逃避的な幻想にすぎない。同様に、清司がタイという国に対して抱くイメージは、彼にとって、〈失われた過去〉の幻想、つまり、〈幻のふるさと〉なのかもしれない。親方が組の解散を告げた次のシーンでは、コンビニ前の駐車場に停めた車の中でめ息をつく清司が映される。ミャオが歌うタイ民謡「チェンマイの娘」をＢＧＭに、清司とミャオが仲良く腕を組んで商店街を歩く過去のショットが挿入されると、つづいて画面はホームビデオで取られたタイの風景や子どもの姿を映し出す。ここで使われるＢＧＭは、ミャオが自宅で清司に弾き語って聞かせた歌であるが、ミャオが歌うシーンでは、こうしたタイの風景は画面に登場しない。つまり、ミャオの故郷であろう風景は、彼女の記憶によって想起されるのではなく、そこを訪れたことのない清司の幻想としてあらわれるのである。道路は舗装されておらず、その脇にはコンビニどころか店もなく、子どもが遊び、鶏が歩き回る、タイへの郷愁を誘う〈前近代〉的な風景は、チェーン店や金融業者の看板が立ち並ぶ国道二〇号線や甲府の街中と対極のイメージであり、均質化される以前の〈失われた過去〉の風景＝幻のふるさとイメージといえるだろう。川勝麻里は、ふるさととは、元来「アイデンティティと結びついて愛着を呼び起こすような、なつかしいと感じる生まれ故郷のこと」であったのが、一九六〇年代後半以降、「そこで生まれた人でない人や、その土地を知らない人までが、イメージや語りによって、土地に「ふるさと」らしさを感じられる」ようになり、「なつかしいような、アイデンティティを託せる場所でありさえすれば、そこはもう第二のふるさと」となっていったと指摘する（川勝 二〇一四：一六、傍点は引用者）。タイの前近代的な風景もまた、清司が、土木作業者としてのプライドとそれと不可分の男性性（男らしさ）のアイデンティティを託せる場所としての「ふるさと」の幻想なのである。また、ミャオやタイという国に対する清司の幻想は、「文化的危機の瞬間」に置かれた男性主体が「プリミティヴなもの」を志向する、「プリミティヴのへの情熱」（チョウ 一九九九）と関連づけられるだろう。R・チョウはこの表現を用いて、近代中国の知識人が抑圧された階級、特に女性に目を向け、自身を「若返らせ、「近代化」するのに役立つ魅惑の源泉」としたと論じた。さらに、「回復不可能な共同体」の比喩としてのプリミティヴなものは、「事後的な捏造」であり、「想像的な空間だけに位置づけられる」と指摘している（チョウ 一九九九：四四）。文脈は異なるが、清司もまた、労働者階級の男性的（マスキュリン）な文化の危機において、自らの男性性を回復する幻想上の「魅惑の源泉」および「起源」としてミャオやタイを志向したといえるかもしれない。

六　「均質化された風景」と「路地」

『サウダーヂ』には『略称・連続射殺魔』を思わせる「風景」のショット、シーンが多いが、特に印象的なのが、猛がデニスを刺すまでの二分間のシークエンスである。猛が率いるアーミービレッジの音楽を背景に、デニスを探して歩き回る猛のＰＯＶ（視点）ショットによって街の中心部やその周辺――シャッターがおりたアーケード街、路地の飲屋街、韓国食材店、性風俗店、コインパーキング等――が、淡々と映し出される。こうした風景は、松田や足立が『略称・連続射殺魔』で捉えた「均質化された風景」の二〇〇〇年代版ともいえるものだが、「均質化された」という過去形の表現で『サウダーヂ』の風景を修飾してしまうのは不十分でもある。そこで、監督の富田や脚本の共同執筆者である相澤虎之助が共感を寄せる作家、中上健次がこだわり続けた「路地」という概念が重要になってくる[8]。

「路地」とは、中上が、故郷であり被差別部落地域であった和歌山県新宮春日地区を文学的に仮構した「場」（トポス）であるが、ある時期までは「路地」と現実の新宮は中上の無意識のなかで通底していた、と蓮實重彦は指摘している（蓮實ほか 一九九七：一五）。中上は、自身を「無数の永山則夫の一人」（中上 一九九八：一四二）と考え、永山を、「ぼくのひとりの分身」（中上 一九九四：一四一）、「同じ根の二つ道」（中上・柄谷 二〇一四：一八七）と書き、同世代であり同じような境遇で育った永山に強い共感＝「嫌悪と癒着同化」（中上・柄谷 二〇一四：一五四）を寄せていた。その中上が一九八〇年代初頭に一六ミリフィルムで撮影した故郷である「路地」の映像は、淡々と「風景」をとらえているという点で『略称・連続射殺魔』に共通している。しかし、『略称・連続射殺魔』がとらえたのが「均質化された」風景であったのに対し、中上の映像は、〈同和対策〉と絡められた大規模な都市開発事業による解体直前の「路地」であった。つまり、均質化によってまもなく失われるであろう風景だったといえる。事実、開発プロジェクトによって「路地」は消滅し、その跡地から浮浪者が追い払われ、「白亜のテラスルーム形式の住宅が建てられ」（中上一九九八：三四五）、ショッピングモールへ続く道路へと変容した。中上による映像を随所に織り込んだドキュメンタリー『路地―中上健次の残したフィルム』（二〇〇〇）を撮った青山真治は、中上のフィルムは「哀愁、郷愁などの余地のない切迫した状況で」撮られたものだと指摘している。[9] 確かに、その映像に甘い感傷は感じられない。中上にとっての「路地」は単なるノスタルジーの対象ではなかった。柄谷行人の言葉を借りるならば、消えてしまう前の「路地」は、中上にとって「愛憎入り交じった得体の知れない感情の対象物だった」（蓮實ほか一九九七：一五）のである。

このような中上の路地に対する「愛憎入り交じった」感情は、『サウダーヂ』の猛が生まれ育った甲

［8］富田と相澤は、中上への共感とともに『サウダーヂ』に登場する怪しい水＝日輪水が、中上の小説『地の果て至上の時』の「日輪の水の信心」からの引用であることをインタビューで語っている（富田ほか二〇〇一）。さらに、中上が「路地」にこだわり続けたように、富田もまた、出身地＝根拠地である山梨を舞台に『雲の上』（二〇〇三）、『国道二〇号線』、『サウダーヂ』と彼の〈サーガ〉を作ったことを記しておきたい。

［9］青山・大木「『路地へ―中上健次の残したフィルム』アフタートーク〈http://shimokita-voice.net/sv2007/sympo/roji.html〉（最終閲覧日：二〇一五年一月二四日）。なお、中上が撮った映像は、青山真治の『路地へ―中上健次の残したフィルム』ＤＶＤの特典として収録されている。

府に対して抱く感情とも共通するといえるかもしれない。松田は、「風景論」や『略称・連続射殺魔』で、「路地」同様、日本全土で展開された土木工事によって「解体され」、「均質化された」風景を問題化し、その背後にある国家権力と資本主義を批判した。一方、中上はそうした批判を共有すると同時に、『地の果て至上の時』（一九八三）や『熊野集』（一九八四）で、自身の肉親を含む内部の人間が土建ブームに取り込まれ、「路地」の解体に加担したことを描き出している。『サウダーヂ』においても、清司が『わがままジュリエット』とともに懐かしむバブル時代の土木ブームが、「風景の均質化」に貢献してしまったことは間違いないだろう。一方、猛はすでに「均質化」されてしまった甲府でバブルの記憶さえもたず育った世代である。しかし、「均質化」され、その後寂れていく一方の地方都市こそが、猛にとっては「路地」であったともいえるのではないか。中上の「路地」と猛にとっての甲府には他にも共通点がある。たとえば、中上が、路地（新宮）を「地方都市ノ性格ニヨルノカモシレナイガ、流レテキタモノト土着ノモノノ混合ニヨッテ成リタチ開放的デアルニモカカワラズ閉鎖的ダッタ。路地ハ他所者ニ対シテ閉鎖的デアリ、差別的ダッタ」（中上一九九八：三四六）と描写するように、猛の甲府もまた、ブラジル人などの外国人を開放的に受け入れると同時に彼らに対して排他的であるといえる。そして、なによりも、中上の「路地」のように、猛にとっての甲府も、決して「ふるさと」といった甘い郷愁の拠り所ではなく、「愛憎入り交じった」対象物であるという点でも共通している。しかし、路地を出て上京した中上とは違い（そしてブラジルに帰るという選択肢をもつ『サウダーヂ』のブラジル人キャラクターとも異なり）、猛は甲府を去ることができない。だからこそ、猛は中上以上に、不満と怒りの原因と対象でありながら、衰退という新たな「均質化」によって、彼の「路地」（甲府）が解体されていく現実に切迫感を感じたといえるのではないだろうか。つまり、『サウダーヂ』がみせる風景は、永山が見た「均質化された風景」の残滓であると同時に、中上以上に切迫した気持ちでとらえた解体直前の「路地」でもあったともいえよう。

猛がデニスをみつけて刺すまでの二分間のシーンは映画内に緊張感を作り出すが、刺されたデニスの「またかよ」という言葉がコミック・リリーフ的な役割をはたし、日本人対移民の対立というドラマチックなクライマックスは巧妙に脱臼されている。そもそも、猛がデニスを刺す行為を異文化間の衝突に帰結させるのは間違いである。猛の行為は移民に対する憎悪というより、一九六〇年代後半の華々しい経済成長期に永山を追いつめた「均質化された風景」と、市場原理の徹底化によって解体され荒廃という形で「再均質化」されつつある、「二重に均質化された風景」を切り裂く行為であったと考えられるべきではないだろうか。中上が、（自身を含めて）永山は無数にいる、と主張したように、『サウダーヂ』の猛も、そうした無数の永山の一人であったのかもしれない。しかし、注意しなければならないことは、猛だけが永山であったわけではないということだ。松田は、永山について、「下層社会に生まれ育ったひとりの大衆が〈流浪〉という存在態においてしか自らの階級形成をとげざるをえなかった」（松田一九七一：二八〇）と書いている。「流浪という存在態において都市を占拠しつつ、資本主義の墓堀人」である「下層プロレタリアート」が永山であるならば、デニスを含めた『サウダーヂ』に登場する移民労働者も猛と同様、永山なのであり、風景を切り裂く行為は彼らによってなされる可能性もあったのである。

七　「風景論」を超えるもの

『サウダーヂ』が凝視する風景は、甲府特有のものではなく日本各地のいたるところにある「(再)均質化された／されつつある」風景の一例である。こうした風景を篠原雅武は、「現代におけるグローバルな悪化の局所的な現れ」であり世界規模で進行している「生活世界のスラム化の一部分」と論じている(篠原二〇一一：一一)。つまり、世界中で風景の「均質化」と「再均質化」が起こっているということだ。しかし、「均質化された」風景の内部は、均一の集団で構成されているわけではない。そこには、多文化や差異が包摂されており、しばしば分断と階層化が生じる。たとえば、富田と相澤は撮影前、移民の増加による抗争という展開を考えていたものの、実際に甲府に行ってみると、町の中で日本人と移民労働者は分断されており「争いが起こる気配すら」なかったと回想している(富田ほか二〇一一：四〇)。『サウダーヂ』のなかでも、友好であれ抗争であれ、マヒル以外の日本人がブラジル人となんらかの接触や交流をもつことはほとんど描かれず、同じフレームの中におさめられることもごく少ない。猛とデニスが同じフレームに映し出されるのも、猛がデニスを刺すシーンのみである。

「(再)均質化された／されつつある」風景のなかで交錯しつつも分断によってすれ違う構造が、〈権力〉にとって都合がよいことはいうまでもない。抑圧や支配の主体をカモフラージュし内部のいがみ合いへと導きながら、抗争は避けられ、〈権力〉に向かって共同戦線が張られることもないからだ。猛が切り裂いたのはそうした分断を内包した風景でもある。古畑(二〇〇七)は、松田の「風景＝権力論」を発展させ『略称・連続射殺魔』がドキュメントした均質化されていく都市および地方の風景は、ドゥルーズが「ダイアグラム」と呼んだ、ある社会的領野における不可視化された権力の関係と機能を示していると論じた。ドゥルーズにとって「ダイアグラム」とは、「権力を構成する力関係の表出」（ドゥルーズ二〇〇七：七三）であり、その力関係は、「それが生み出すアレンジメントの「上側ではなく」その織物のなかを通るのである」（ドゥルーズ二〇〇七：七四）。これまでみてきたように、荒廃していくランドスケープに異なるジェンダー、世代、エスニックバックグラウンドや言語をもつ人びと、過去の記憶が交錯しつつもすれ違う『サウダーヂ』の風景も、そうした交錯の編み目を通る不可視の権力――グローバル資本主義やその装置である規制緩和や入管法、それを遂行する国家権力――のダイアグラムといえるかもしれない。つまり、『サウダーヂ』は、松田が一九七〇年代に提起した問題がその後四〇年を通してグローバルに広がったことをドキュメントする、二一世紀の「風景論」の映画的実践であったということができるだろう。

しかし、感情移入を排して風景を淡々とドキュメントし、その風景を権力として敵対するものに集約してしまう――つまり、風景論という「均質化言説」によって風景の「均質化」を裏書きしてしまう――松田の「風景論」とは異なり、『サウダーヂ』には「風景論」にはおさまりきらない要素がある。それは映画のタイトルにもなっている「サウダーヂ」（ポルトガル語で「郷愁（サウダーヂ）」）の存在である。『サウダーヂ』のテクストには、監督の富田、甲府に暮らす日本人や海外からやってきた移民労働者などの登場人物、さらには日本からブラジルへわたった日本人移民のさまざまで複雑な「郷愁」が充満している。ただし、『サウダーヂ』にとって「郷愁」は「ふるさと賛美」ではないことは再度強調しておく必要があるだろう。『サウダーヂ』は、風景を「郷愁」という言葉がもつ甘美な懐古主義に回収させること（たとえばディスカバー・ジャパンキャンペーンのように）を拒否しており、その拒絶によって風景を敵対してくるものととらえた。しかし、一方ではそれ（郷愁）を捨てきることはない。中上の「路地」に対する複雑な感情のように、『サウダーヂ』に内在する郷愁には、アタッチメントとデタッチメントとの葛藤がある。それは、クリステヴァ（一九八二）の「おぞましきもの」（abjection）やフロイト（二〇〇一）の「不気味なもの」（unheimlich）といった概念に無関係でないかもしれない。「おぞましきもの」とは、拒絶された何かでありながら人が手放すことができないもの、拒否しつつも同時に欲望し魅惑されるものである。「不気味なもの」は、クリステヴァが「おぞましきもの」の理論化に依拠したフロイトの概念である。フロイトによると、本来心的生活にとってかつては親しみなじみのあった（heimlich）ものが現実生活のなかで抑圧され意識化に隠され、それが何かの拍子に意識の表面に表われてきたとき人はそれを「不気味なもの」（unheimlich）として感受するという。「おぞましきもの」、「不気味なもの」という言葉にはネガティブなイメージがあるが、同時に攪乱的でもある。たとえば、クリステヴァによると、おぞましさを導きだすのは「アイデンティティやシステム、秩序を攪乱するものなのだ」（クリステヴァ一九八二：四）という。そして、ノスタルジーの回帰である郷愁がディスカバー・ジャパンのように権力に取り込まれるのとは異なり、「抑圧されたものの回帰」としての「不気味な」郷愁（たとえば、幸彦のうつろな表情と「人間の秘密は過去ですよ」という言葉によって彼が再訪した山王団地にただよった違和感や、バブル時代の記憶とともに立ち現れた「わがままジュリエット」の大音響）は「抑圧」の存在を露呈させるものである。同時に、そうした「おぞましきもの」、「不気味なもの」としての郷愁こそが、無機質な権力論からこぼれおちる〈生〉として、（再）均質化された風景の内部から、風景の〈匿名化〉に抵抗を試みるのである。

八　おわりに

『サウダーヂ』が凝視した甲府の風景には、移民、不況、ジェンダーなど多文化日本の今日的な問題だけではなく、さまざまな過去の記憶が交錯し、それはまぎれもなく松田が一九七〇年代に看破した〈権力〉のドキュメントであった。そして、それは「均質化された風景」として、日本のみならず世界中の地方都市にみられる風景といえるかもしれない。しかし、それはどこにでもある風景であると同時に、甲府という特定の「トポス」でもある。ノスタルジックな感傷を排除しつつも、甲府という場所にこだわり、その風景の交錯をドキュメンタリー的要素をもつフィクションとして描いた『サウダージ』の映画的想像・創造力に、グローバルな均質化（＝匿名化）に回収されることを拒もうとする力があるといえるだろう。松田の「風景論」や『略称・連続射殺魔』は、「均質化」の背後にある権力を暴き、批判したが、抵抗はしなかった。風景を切り裂いたのは「風景論」ではなく永山則夫だったからだ。『サウダーヂ』はそうではない。（ノスタルジックな意味での）郷愁という神話がすでに破産してしまった甲府というトポスに拘泥した映画を作ることは、猛がデニスを刺す行為同様、風景を切り裂く、すなわち権力へのささやかな抵抗とみなすことができるのではないだろうか。

〔追　記〕
本章執筆にあたり、ＤＶＤ化されていない『サウダーヂ』の視聴に関して、監督の富田克也氏より多大なご配慮をいただいたことを記して感謝したい。また草稿の準備中、早稲田大学文化社会学研究会で報告の機会を頂き多くの示唆を受けたことも合わせて感謝したい。

【引用・参考文献】

大久保武（二〇〇五）『日系人の労働市場とエスニシティ―地方工業都市に就労する日系ブラジル人』御茶の水書房
大山眞人（二〇〇八）『団地が死んでいく』平凡社
川勝麻里（二〇一四）「「どこか遠く」へ行きたい日本人たち―七十年代文化装置としてのディスカバー・ジャパン・キャンペーン広告」成相肇・清水宏子［編］『ディスカバー、ディスカバー・ジャパン「遠く」へ行きたい』（一一一―九頁）、東京ステーションギャラリー
クリステヴァ、J／枝川昌雄［訳］（一九八四）『恐怖の権力―〈アブジェクション〉試論』法政大学出版局
篠原雅武（二〇一一）『空間のために―偏在化するスラム的世界の中で』以文社
高野貴子・芦澤明子・富田克也（二〇一一）「スペシャルトーク―可能性のある風景」『季刊 Nobody』三六、一四―二一
丹野清人（二〇〇七）『越境する雇用システムと外国人労働者』東京大学出版会
チョウ、R／本橋哲也・吉原ゆかり［訳］（一九九九）『プリミティヴへの情熱―中国・女性・映画』青土社
津村　喬（一九七一）「限界批評とレクチュールのゲットー―反省された自己組織化へ」『読書新聞』五月一〇日号
ドゥルーズ、G／宇野邦一［訳］（二〇〇七）『フーコー』河出書房新社
富田克也・相澤虎之助・向井康介・真辺克彦（二〇一一）「サウダーヂ―宵闇の甲府で起こったこと」『季刊 Nobody』四三六、三八―四五
中上健次（一九九四）「犯罪者永山則夫からの報告」『鳥のように獣のように』講談社（「犯罪者永山則夫からの報告」の初出は『文芸首都』（一九六九年八月号））
中上健次（一九八八）「鴉」『熊野集』講談社（「鴉」の初出は『群像』（一九八二年三月号））
中上健次・柄谷行人（二〇一四）『柄谷行人、中上健次全対話』講談社
中平卓馬（二〇〇七）『なぜ植物図鑑か―中平卓馬映像論集』筑摩書房
バーバ、K・H／本橋哲也［訳］（二〇〇二）「グローバリゼーションとマイノリティ文化―語る権利の復興に向けて」『言語文化研究』一五（四）、二二一―二三一

蓮實重彦・渡部直己・浅田　彰・柄谷行人（一九九七）「中上健次をめぐって―双系性とエクリチュール」柄谷行人［編］『シンポジウム』（七-四三頁）、太田出版
原　武史（二〇一二）『団地の空間政治学』ＮＨＫ出版
平沢　剛（二〇一三）「解説―風景論の現在」松田政男『風景の死滅』（増補新版）（三一九-四一頁）、航思社
フロイト、Ｓ／中山　元［訳］（二〇〇一）『ドストエフスキーと父殺し／不気味なもの』光文社
松田政男（一九七〇）『薔薇と無名者―松田政男映画論集』芳賀書店
松田政男（一九七一）『風景の死滅』田畑書店
Bhabha, H. K. (2004). *The location of culture*. Abingdon: Routledge.
Furuhata, Y. (2007). Returning to actuality: Fukeiron and landscape film. *Screen*, *48*(3), 345-62.

【引用・参考ウェブサイト】


青山真治・大木雄高「『路地へ―中上健次の残したフィルム』アフタートーク〈http://shimokita-voice.net/sv2007/sympo/roji.html〉（最終閲覧日：二〇一五年一月二四日）。

「荒井晴彦の映画×歴史講義番外編『国道二〇号線』」〈http://eigageijutsu.com/article/116291133.html〉（最終閲覧日：二〇一五年一月一五日）。

『サウダーヂ』公式ホームページ〈http://www.saudade-movie.com〉（最終閲覧日：二〇一四年一月一五日）。

「富田克也監督インタビュー、映画『サウダーヂ』私たちの足元に故郷はない」〈http://fashionjp.net/highfashiononline/hf_selected/movie/saudade111019.html〉（最終閲覧日：二〇一四年二月二四日）。

あとがき

私は愛知県豊橋市で生まれ育った。子どものころ、同じ地域で生活しているある家族について、両親が声を低くして「じつは○○さんは朝鮮人」と時折口にすることば以外に、自分の生活で「日本は単一民族社会」という意識を揺さぶられる機会は非常に少なかった(このような日常のコミュニケーションに、日本のナショナリズムと人種主義の交錯がみてとれることはいうまでもない)。しかし、同じ「日本人」でも、家や学校で男女の扱いが違ったり、友達が持っているものを自分は買ってもらえなかったり、同じ愛知県でも名古屋は「都会」で、ましてや東京は「大都会」であり、そこで生活する人々は自分とは異なる人々だと思っていた。つまり、「日本人」であることの支配的な意味を受け入れると同時に、日常生活においてはその「日本人」の多様な違いについても強く意識していた。これはおそらく私だけの経験ではないと思う。そして九〇年代に入り、近所でポルトガル語を耳にし、ブラジル国旗を掲げた店を見かけるようになると、「国際化」ということばが急に身近に感じられるようになったことを覚えている。

大学で異文化コミュニケーションや多文化共生関連の科目を教えるなかで、「日本人」と「外国人」、「自文化」と「他文化」の境界をしなやかに捉えるとともに、その境界によって現実に生じている排除や差別などに注目していくこと、つまり集団や文化の境界は「ある」と同時に「ない」ことをいかに教えていくかが私にとっての大きな課題であった。差異を尊重し、構造的力関係に注目することで境界が「ある」ことを強調すれば、境界が「ない」こと、つまり境界内部は多様であり混淆的であることや境界そのものの構築性が見えにくくなってしまう。その逆も同様である。本書で提案した視点「交錯」はこの課題に対する一つの応答である。この視点を大学教育の場だけでなく多文化共生に関する学校教育や社会教育、そして何よりも日常生活において使ってもらい、本書が日本における多文化社会の構築のためのささやかな貢献となればと願っている。

本書は日本学術振興会・科学研究費助成事業の助成を受けたプロジェクト「多元化するアイデンティティと「多文化社会・日本」の構想」（二〇一二〜二〇一四年度　課題番号24530657）の成果である。この研究プロジェクトには多様な専門領域の研究者が集まり、定例研究会での意見交換は私にとって非常に刺激的であった。東京近辺だけでなく中部、関西、九州からも研究会にかけつけて活発な議論を展開し、本書の土台をつくってくれた研究会メンバーに深く感謝したい。そして、本書に収められた論考の調査にさまざまな形でご協力いただいた方々、定例研究会での報告を快諾してくださった研究者の方々にも執筆者を代表してお礼を申し上げたい。最後に、当初よりこのテーマに関心を示してくれ、出版スケジュールを何度か変更せざるを得ないなか、辛抱づよく編集作業を進めてくださったナカニシヤ出版の米谷龍幸氏に心よりの謝意を記したい。

河合優子

津村　喬　193

デイ（Day, G.）　120
デイヴィス（Davis, A.）　5
寺山修司　192

ドゥルーズ, G.　214, 215
トゥルース, S.　5, 12
富田克也　21, 189-191, 200, 207, 210, 211, 214
トンプソン（Thompson, A.）　120

ナ行
中上健次　210-213, 216
中西美穂　157
中野　晃　144
中平卓馬　191, 208
永山則夫　191-195, 210, 213, 217

二宮康史　91

ハ行
ハージ, G.　87, 142
バートベック, S.　15
バーバ（Bhabha, H. K.）　16, 199, 200
ハーマン, E. S.　158
朴　君愛　61
朴　正義　157
蓮實重彦　210, 211
八田靖史　157
服部美奈　36
原　武史　197
原めぐみ　31
バリバール（Balibar, É.）　121-125, 132, 136
韓　東賢　66

樋口直人　49
ピニェイロ＝マシャード（Pinheiro-Machado, R.）　90, 91, 110
平沢　剛　194
ビリッグ（Billig, M.）　122, 129, 130

深沢正雪　88, 89
福沢諭吉　125, 127
藤巻秀樹　153
フックス, B.　12
古畑百合子（Furuhata, Y.）　196, 214
フロイト, S.　216

ホール（Hall, S.）　17, 18, 121, 131, 144, 158

マ行
マッコール（McCall, L.）　6, 7
松田政男　191-195, 197, 208, 210, 212-215, 217
丸山真純　2
水野正己　40

元百合子　12
モーリス＝スズキ（Morris-Suzuki, T.）　2, 126

ヤ行
安田　浩　126
山口　毅　93
山下　仁　2, 153
山根　聡　35
山室信一　125, 144
山本崇記　11, 12
山脇千賀子　88, 89

ユバル＝デービス（Yuval-Davis, N.）　5, 7-9
尹　健次　128

吉野耕作　2, 129

ラ行
ラカン, J.　94

ワ行
脇水鉄五郎　191
渡戸一郎　2
和田春樹　57
渡会　環　85

人名索引

A-Z

Anthias, F.　4, 5
Befu, H.　128
Brah, A.　5
Degele, N.　9
Hall, S.　17, 18, 121, 131, 144, 158
Hannaford, I.　127
Hearn, J.　5
Kohn, H.　122
Kojima, H.　33
Kraidy, M. M.　16, 17
Kymlicka, W.　123
Lan, P-C.　47
Levine-Rasky, C.　8
Lutz, H.　4
Mahmud, H.　33
Modood, T.　121
Pattynama, P.　4
Phoenix, A.　4, 5
Pieterse, J. N.　16
Plamenatz, J.　123
Rattansi, A.　3
Seargeant, P.　136
Shields, S.　22
Takeshita, S.　35
Tsuda, T.　15
Walby, S.　8
Winker, G.　9
Young, R. C.　16

ア行

相澤虎之助　210, 211, 214
青山真治　211
秋山　駿　197
足立正生　191, 210
アンダーソン, B.　126

五十嵐泰正　41
井沢泰樹　2
イシ（Ishi, A）　85, 87-89
イシカワ（Ishikawa, E. A.）　104, 105
稲葉佳子　152, 154, 156
李　明博　160
岩渕功一　2, 129
岩村ウィリアン雅浩　87

ウェーバー, M.　91
上田万年　127, 128
植田晃次　2
上野千鶴子　9-11, 61
上原敬二　191

エセッド（Essed, P.）　122, 130, 131, 139
エドモンズ（Edmonds, A.）　103
江原由美子　185
遠藤正敬　128

大木雄高　211
大久保 武　200
大山眞人　197
大多和直樹　93
岡本雅享　128
小ヶ谷千穂　28
奥田道大　153
小熊英二　128
落合恵美子　39
斧出節子　47
オリヴェン（Oliven, R. G.）　90, 110

カ行

カースルズ（Casteles, S.）　120, 121, 131
加藤千香子　3
柄谷行人　210, 211
河合優子　120, 127
川勝麻里　209
川田順造　126
川端浩平　55, 58, 69, 138

菊地夏野　12
金　静美　11, 12
金　富子　12

工藤正子（Kudo, M.）　32-37, 41, 43, 45, 47
クリステヴァ, J.　216
クレンショー（Crenshaw, K. W.）　5, 6

ゴウ , L.　12

サ行

酒井直樹　126, 129
坂中英徳　60
佐藤郡衛　2
佐野良一　157

志賀重昂　191
ジジェク, S.　86, 94
篠原雅武　214
ジヤーウル・ハック, M.　37
申　琪榮　29

鈴木裕子　9, 10, 12
数土直紀　92
スミス（Smith, A.）　123

芹澤明子　207

徐　阿貴　14

タ行

戴エイカ　3
高崎宗司　57
高野貴子　190, 207
高畑　幸　31
タギエフ（Taguieff, P. A.）　141
竹之内玲子　96
田嶋淳子　153
田島久歳　88, 89
玉井眞理子　12, 13
丹野清人　196

調子千紗　87
チョウ, R.　209
チョムスキー, N.　158
鄭　暎惠　12

ィ）　207
団地　196, 197

血　124
中間層　86, 92, 94
超越ナショナリズム
（supra-nationalism）
124
超ナショナリズム
（super-nationalism）
124

抵抗　216, 217
帝国主義　120
ディスカバー・ジャパン
192, 216
デカセギ　86, 87

同化　78
——政策　127
土方　189
トポス　217
トランスナショナル性
14, 15
トランスナショナルな家族形成　30, 51
——のプロセス　49
——の理由　35
トランスナショナルな生活圏／親密圏　29, 31, 51

ナ行

ナショナリズム　121, 125, 131, 132

日常的実践　61, 62, 80, 138, 139, 144
日常の人種主義
（everyday racism）
130, 131, 139
日常のメイクアップ　103
「日本人」の再想像　144
日本人論　128, 129

ネット右翼　203
ネットカフェ難民　204

ハ行

場（トポス）　210
ハイブリッド（異種混淆）性　14, 16
母親役割　45, 46
ハラーム　36, 45
ハラール　36
ハレの日のメイクアップ
103, 104

美容産業（ブラジルにおける）　100, 114

風景　190, 195
——論　191, 194, 195, 215
不気味なもの
（unheimlich）　216
複合差別　9, 10
——論　61
フジテレビ抗議デモ　173
『冬のソナタ』　156, 160
プリミティヴなもの　209
文化ナショナリズム　129
ヘイトスピーチ　174
——とレイシズムを乗り越える国際ネットワーク（のりこえねっと）　175

本質主義　185

マ行

マイノリティのマイノリティ　8
マルチエスニックタウン
154, 184

「民族」　120, 125-128

娘の性的保護　37, 38

メイクアップ　116
——・アーティスト　99, 101, 110, 111
——講座　98-100
名刺（cartão de visita）
85, 102, 106, 107

モデル・マイノリティ
60

ラ行

ランドスケープ　201

『略称・連続射殺魔』
191, 210-212

連帯の可能性　11, 20

路地　210-213

ワ行

『わがままジュリエット』
205, 212

事項索引

ア行

アイデンティティ政治　62, 78
ありふれたナショナリズム（banal nationalism）　129-131

イケメン通り　171
イデオロギー装置　197
移民労働者　196, 213

うわべの多文化主義　2

英語教育　38, 39
エスニック・ナショナリズム（東洋型）　123
越境する雇用システム　196

大久保　150
おぞましきもの（abjection）　216

カ行

外国人嫌悪（ゼノフォビア）　141
階層帰属意識　86, 92
カウンターデモ　174
家族国家観　126

境界の自明視　2
郷愁（サウダーヂ）　215, 216
虚構のエスニシティ（fictive ethnicity）　123, 124
均質化　193, 197, 203, 212, 214
金の卵　195

化粧　106, 107
血統　126
言語　123, 124, 133
幻想　86, 87, 107
交差（intersectionality）　3-6
交錯　3, 18, 22, 30, 79, 158, 184, 185, 190, 201, 215
構造的交差　6
構造的力関係　19, 20
合同家族　43, 45
国際結婚　28
国際性　113, 114
国籍　39
国家権力のテクスト　192, 193
コリアンタウン　150, 153
混淆嫌悪（mixophobia）　141

サ行

再均質化　213, 214
「差異」と「平等」　121
在日特権を許さない市民の会（在特会）　173
在日の「自然消滅」　60, 71
在日本大韓民国民団（民団）　54
在日本朝鮮人総聯合会（総聯）　54
『サウダーヂ』　189, 190, 194, 195, 204, 213, 215
サウンドスケープ　201
差別　58
『山谷ブルース』　202-204

自己実現　93, 113
自己責任論　59
シビック・ナショナリズム（西洋型）　123
資本主義　185
社会的カテゴリーの「ビッグ3」　5, 8
社会的カテゴリーの捉え方　6
主体性（subjectivity）　195
消費　86, 90, 92, 104, 110, 113
商品化　185
植民地主義　120
新自由主義　195, 202, 203
「人種」　120, 125-127, 136
〈人種〉　123, 124, 133, 136, 140
人種主義（racism）　119, 121, 124, 125, 131, 132
新中間層（nova classe média）　90-92

3F　2

政治的交差　6
政治的に正しい（PC）　168
セクシズム　171, 185
節合　14, 17
戦術（tactics）　62
戦略的本質主義　62, 78

想像の共同体　126

タ行

第一次韓流ブーム　156, 160
第二次韓流ブーム　160
第三の空間（third space）　199
ダイアグラム　215
対象 a　94, 113
ダブル　55, 69
多文化共生批判　2
多文化的実践　62, 77, 78, 80
多文化的な想像力　75, 79, 80
単一民族国家　128
単一民族神話　120
男女隔離　37, 40
男性性（マスキュリニテ

執筆者紹介（執筆順, * は編者）

河合優子*（かわい ゆうこ）［担当：序章・第四章・あとがき］
立教大学異文化コミュニケーション学部教授

工藤正子（くどう まさこ）［担当：第１章］
京都女子大学現代社会学部教授

川端浩平（かわばた こうへい）［担当：第２章］
福島大学行政政策学類准教授

渡会 環（わたらい たまき）［担当：第３章］
愛知県立大学外国語学部准教授

田中東子（たなか とうこ）［担当：第５章］
大妻女子大学文学部准教授

高 美哿（こう みか）［担当：第６章］
法政大学社会学部准教授

交錯する多文化社会
異文化コミュニケーションを捉え直す

2016年12月20日　初版第1刷発行　（定価はカヴァーに表示してあります）

編　者　河合優子
発行者　中西健夫
発行所　株式会社ナカニシヤ出版
〒606-8161　京都市左京区一乗寺木ノ本町15番地
Telephone　075-723-0111
Facsimile　075-723-0095
Website　http://www.nakanishiya.co.jp/
E-mail　iihon-ippai@nakanishiya.co.jp
郵便振替　01030-0-13128

装幀＝白沢　正／印刷・製本＝ファインワークス

Printed in Japan.
ISBN978-4-7795-1114-1